社会主义核心价值体系建设

“双百”出版工程

项 目

/ 100 位

新中国成立以来感动中国人物/

罗盛教

左润华/著

吉林文史出版社

《100位新中国成立以来感动中国人物》丛书

前言

每个人的心中都多少有一点英雄情结，都向往英雄、景仰英雄。也正因此，在中华人民共和国建国六十周年之际，由中央十一部委联合组织开展的“100 位为新中国成立作出突出贡献的英雄模范人物和 100 位新中国成立以来感动中国人物”的评选活动中，群众参与投票总数近一亿。这其中的每一张选票，都表达了人们对英雄模范的崇敬之情，寄托着对伟大祖国的美好祝福。

一个民族不能没有英雄，否则这个民族就不会强大。当国家危难之时，懦弱者选择了逃避、妥协甚至投降，英雄们却挺身而出，用热血捍卫民族的尊严，人民的幸福。在创立和建设新中国的伟大历程中，涌现出无数可歌可泣的英雄模范人物。他们之中，有为了民族独立和人民解放而英勇牺牲的革命先烈，有为了党和人民的事业而不懈奋斗的优秀共产党员，有在全民族抗战中顽强奋战、为国捐躯的爱国将士，有英勇杀敌的战斗英雄和革命群众，有积极从事进步活动的著名民主爱国人士和国际友人……他们是民族的脊梁、祖国的骄傲，是激励全体人民团结奋斗的精神力量。

《100 位新中国成立以来感动中国人物》丛书，就像一部星光璀璨的英雄谱，真实、完整地记录了英雄模范人物不平凡的一生，再现了他们非凡的人格魅力和精神世界。舍身堵枪眼的黄继光，拼命也要拿下大油田的王进喜，中国原子弹之父邓稼先，新时期领导干部的楷模孔繁森……一串串闪光的名字，一个个动人的故事，犹如群星闪烁，光耀中华。

当今中国正处于伟大变革的时代，迫切需要涌现出一大批勇于承担历史使命、为祖国和人民奉献一切的先进人物。在“双百”人物崇高精神的引领下，在建设社会主义现代化国家的征程中，必将英雄辈出。

生平简介

罗盛教（1931–1952），男，汉族，湖南省新化县人，中国新民主主义青年团团员。1949 年入伍，生前系中国人民志愿军第四十七军一四一师侦察队文书。

罗盛教随部队参加抗美援朝作战，时刻准备为朝鲜人民的和平与安宁而牺牲奉献自己的一切，作战一往无前，英勇杀敌，多次立功受奖。1951 年 7 月，罗盛教所在部队进入临津江以东的驿谷川一带阵地。一天，连队驻地附近的安大娘家茅屋被敌机炸燃，正在连队统计实力的罗盛教不顾一切冲进茅屋，救出了安大娘和她的孙子，自己被火烧成重伤。1952 年 1 月 2 日，朝鲜北部成川郡石田里少年崔莹在冰河上滑冰时，不慎压碎冰块跌进 3 米深的冰窟里。正在冰河上练习投弹的罗盛教听到求救声后，边跑边脱下棉衣，跳进冰窟实施救助，反复几次将崔莹推出水面，因冰层太薄都失败了，最后他潜入水下，使尽全身力气用头成功将崔莹顶出水面，救出崔莹，但自己却因体力耗尽壮烈牺牲，年仅 21 岁。1952 年，他被中国人民志愿军政治部追记特等功，并被授予“一级爱民模范”荣誉称号。朝鲜民主主义人民共和国授予他“一级国旗勋章”和“一级战士荣誉勋章”。朝鲜人民军最高司令官金日成将军亲自为罗盛教烈士纪念碑题词：“罗盛教烈士的国际主义精神与朝鲜人民永远共存。”

1931-1952

[LUOSHENGJIAO]

◀罗盛教

目录 MULU

■伟大的国际主义战士——罗盛教(代序) / 001

■苦难童年 / 003

求学若渴 / 004

罗盛教自幼好学，由于家境贫寒，少时未能入学，但他求学若渴，奋发自学。

少年苦读 / 009

罗盛教珍惜难得的学习机会，不懈苦读，终因成绩优秀被送入免费中学。

■革命熔炉 / 015

在军校里 / 016
参军后罗盛教进了军政干部学校，在白手起家的建校劳动中，得到了锻炼；积极主动地接受思想教育，在军校这所大熔炉里，健康成长。

侦察连生活 / 029
侦察连生活新鲜、紧张，文书工作多面、繁忙。拥军爱民，鱼水情深。父亲的来信，使他感到肩负重任。

■保家卫国 / 043

风雨之夜 / 044
朝鲜战争爆发,志愿军跨过鸭绿江，亲眼目睹满目疮痍的朝鲜，激起他对侵略者的无比仇恨和对朝鲜人民的深切同情。朝鲜人民对志愿军的深情厚谊，更使之深受感动。

怒火深仇 / 052
目睹美帝在朝鲜的一桩桩罪行，激起了罗盛教的无比仇恨。愤怒的火焰使他下决心：血债要用血来还！

劈风斩浪 / 061
险峰恶水，不能阻止战士们前进的步伐。在送粮的路上，罗盛教带领战友们，克服重重困难，在风口浪尖上，得到了一次锻炼。

英勇阻击 / 069
硝烟弥漫的战场上，第一次留下罗盛教的足迹。对鬼子的仇恨，化作无穷的力量。奋勇杀敌，抢救伤员，为朝鲜人民复仇。为伸张正义，要把美国鬼子消灭光！

■国际主义战士 / 077

兄弟情谊 / 078
战后休整。在朝鲜的小山村里，洋溢着志愿军和朝鲜人民的兄弟情谊。除夕之夜，两国军民载歌载舞，共度新年；喜读家书，回顾往昔，浮想联翩……

青春闪光 / 086

为了抢救朝鲜落水少年，罗盛教献出了自己的年轻生命，长眠在为之奋斗过的土地上。朝鲜人民树立了纪念碑，纪念不朽的国际主义战士。祖国到处传颂着英雄的事迹，罗盛教永远活在两国人民心中!

传奇之罗盛教 / 098

在家喻户晓的英雄典型背后鲜为人知的“淹亡事故”。

英雄与深明大义的父亲 / 114

从罗盛教的家信看英雄成长的历程；英雄的父亲养育了这个时代最可爱的人。

■后记　后罗盛教时代 / 125

伟大的国际主义战士——罗盛教（代序）

上个世纪 50 年代的那场抗美援朝、保家卫国的正义之战已经过去了半个多世纪，当年成千上万的优秀志愿军儿女，为了高于一切的祖国人民的利益，为了完成祖国赋予的历史使命，发扬国际主义精神，英勇杀敌，浴血奋战，不惜献出年轻而宝贵的生命。他们中的大部分长眠在朝鲜的青山绿水之间。罗盛教就是他们中的一员。

到过朝鲜的人都知道，在平安南道成川郡有一个著名的“罗盛教村”。村前小河环流，那是“罗盛教河”，村后青山耸立，那是“罗盛教山”。为什么在朝鲜的国土上，村庄、河流、山脉会用一个中国人的名字来命名呢？松涛低吟，流水潺唱，它们都会告诉你一个感人肺腑的故事：

罗盛教是湖南省新化县人，1949 年参加中国人民解放军，1951 年 4 月参加中国人民志愿军入朝作战。1952 年 1 月 2 日，罗盛教在平安南道成川郡石田里为抢救朝鲜落水儿童而英勇献身。

罗盛教牺牲的消息，随着《人民日报》1952 年 2 月 5 日的报道和戴煌写的通讯《不朽的国际主义战士》传遍了四面八方。在中国、朝鲜家喻户晓。

罗盛教牺牲后，中国人民志愿军领导机关为表彰罗盛教伟大的国际主义和革命英雄主义精神，为他追记特等功并追授“一级爱民模范”称号，同年 4 月 1 日，中国新民主主义青年团中央委员会追授他“模范青年团员”称号，并号召全国团员青年向他学习。

中国对罗盛教的表彰，也引起了朝鲜的关注。1953 年 6 月 25 日，朝鲜民主主义人民共和国最高人民会议常任委员会追授罗盛教“一级国旗勋章”和“一级战士荣誉勋章”，并将其献身的栎沼河改名为罗盛教河，被救儿童崔莹的家乡石田里改名为罗盛教村，安葬他的佛体洞山改名为罗盛教山，并在山上建立了罗盛教纪念亭和罗盛教纪念碑，碑上镌刻着的朝鲜民主主义人民共和国主席金日成的题词“罗盛教烈士的国际主义精神与朝鲜人民永远共存”，字字千钧，历久弥新。伟大的国际主义战士罗盛教，用自己的生命在朝鲜人民心中立下了不朽的丰碑!

作为“双百”人物之一，罗盛教的惊人之举感动了一代又一代中国人，为社会留下了无尽的精神财富。同时也给我们留下了无尽的思考：新的时代，要向英雄学习什么……

战火纷飞年代的无私奉献，换来了和平年代的歌舞升平。抗美援朝的战争岁月已经远去，罗盛教的壮举渐渐成为一个比较遥远的故事。回顾英雄成长的历程，激发明天奋进的动力，正是这前仆后继的传承，使英雄之花永不枯萎，英雄之魂永不消逝。罗盛教，是人们千秋敬仰的爱国志士，是伟大的国际主义战士。中朝两国用鲜血和生命凝成的战斗友谊，将永远铭刻在两国人民心中。中国人民志愿军英名永载史册！

引　言

又是一年芳草绿，处处姹紫嫣红，百花竞放。一队队朝鲜少年儿童手持鲜艳的花朵，满怀着对先烈的敬仰，来到平安南道成川郡石田里附近，跨过了罗盛教河，爬上了罗盛教山，走在通往罗盛教烈士墓的路上。罗盛教是在抗美援朝战争中，为抢救朝鲜儿童而献出了自己宝贵生命的中国人民志愿军战士。孩子们是去为罗盛教烈士扫墓的。

在那高耸的纪念碑上，用中文镌刻着朝鲜人民的伟大领袖金日成将军的亲笔题字："罗盛教烈士的国际主义精神与朝鲜人民永远共存！"金色的大字在阳光的照耀下熠熠生辉。纪念碑下，一位身着朝鲜服装的中年人，目光深沉，神情庄重，他满怀对英雄的无比崇敬和怀念之情，向纪念碑深深地鞠了一躬，然后，转过身来，用满含热泪的目光注视着肃立在纪念碑旁的孩子们。他，就是当年罗盛教拼死从冰河中救出来的朝鲜少年崔莹。他永远不能忘记，是志愿军的罗盛教为救他献出了年轻的生命。

为了缅怀烈士，教育后代，增进朝中人民的友谊，崔莹几乎年年都要到这里为烈士扫墓，并亲自给来自四面八方的学生、工人、农民及各界人士讲述烈士的英雄事迹，激励人们为朝中人民世代友好做出自己的贡献。

烈士陵园是中朝友谊的印证，崔莹去世后，他的家人搬到了百里之外的地方居住。但每到罗盛教的祭日，崔莹的妻子都会带着双目失明的儿子回来拜祭恩人，把中朝两国人民用鲜血凝成的战斗友谊，世代相传下去。

羅盛教烈士的國際主義精神与
朝鮮人民永遠共存！
金日成

苦难童年

一　求学若渴

☆☆☆☆☆

新化县地处湖南省中部，境内多为山丘盆地，西部、北部雪峰山主脉耸峙；东部低山或深丘连绵；南部为天龙山、桐凤山环绕；中部有长江的主要支流——资江蜿蜒过境，气候温和，环境宜人，素有“湘中宝地”之称。

1931年（民国二十年）春的一天，湖南省新化县松山乡桐子村里，从一个贫苦农民的家中，传出一声响亮的啼哭——一个男婴降生了，乳名叫雨成，就是后来的罗盛教。父亲罗迭开，母亲肖桃英。罗盛教是家里第一个孩子，他还有两个妹妹、一个弟弟。解放前家里很穷，他的童年很凄苦。幼小时，家里靠着几亩水田和旱地自种自吃，风调雨顺的年

△ 罗盛教故居

△ 以罗盛教的父母罗迭开老夫妇的住所为背景的合照

景里，还算勉强可以过得去；遇上灾年可就家无隔夜粮了。为了糊口，父亲经常外出打工。罗盛教很早就知道帮助父母分担生活重担——放牛、打柴、照看弟妹。

在他五六岁时，看见邻居孩子背书包上学，他立刻跑回家去向父母要求读书，被父亲一口回绝。小盛教执拗地纠缠着母亲，一定要上学。母亲婉转地劝他长大些再说。盛教虽然一心想上学，但他是个懂事的孩子，从来不愿让母亲为难。每日清晨，只能眼巴巴地望着从前一起玩耍的小伙伴去学堂念书。

罗盛教依然每天出去放牛、打柴，却比平时干得更快。他天真地认为：等太阳下山，柴就像小山一样多了。今天一座小山，明天一座小山，时间长了就变成一座大山，那时父母就会让他进学堂了。他起劲地打着，不一会儿就打了几大捆。罗盛教被自己不同寻常的设想激动着、鼓舞着，就连刀割破了手指也没觉得疼。

终于，罗盛教打的柴真的堆成了一座大山，可还是不见父母对他说上学的事情。有一天，他实在忍不住了，跑到爸爸跟前，再次执意要求上学，并一再表示上学不会耽误打柴。爸爸望着他那瘦弱的身躯，不由得一阵心酸："我不是不让孩子读书，是因为供不起学费呀。"

罗迭开实在不忍心再拒绝孩子的要求，于是，他就到别人家借来一本书，每天晚上，父子俩围坐在昏暗的小油灯下，爸爸一个字一个字地教，小盛教一个字一个字地学，直到夜深人静。

白天，罗爸爸去干活，小盛教便一边放牛，一边复习头一天学的字。他自己蹲在地上，用树枝将学过的字一遍又一遍地写着，直到记熟为止。由于他的刻苦勤奋，尽管没去学堂念书，他也学会了很多字。连爸爸都十分惊讶他的学习速度。以后罗盛教不但自己学习，还把学到的东西，教给和他一起放牛、玩耍的小伙伴。

随着年龄的增长，罗盛教学习更刻苦了，有时简直到了废寝忘食的程度。为了弄懂一个词，他经常是端着碗，吃着吃着就忘了嚼。有一次放牛时，脑子又走了神，致使他的牛吃了人家的庄稼。罗盛教又气又急，懊悔不已。第二天一大早，他便找到了这块地的主人，连连道歉。当主人听说盛教是因为学习，不小心让牛钻到地里去的时候，不但原谅了他，而且还连连说："这伢子将来一定会有大出息。"

少年苦读

☆☆☆☆☆

终于在罗盛教 11 岁那年，父亲辛勤劳作、省吃俭用积攒出来一点学费，送他进了乡里的学堂。罗盛教在学堂里学习非常刻苦努力，他的勤奋好学，使同班同学十分敬佩。为了读书，盛教想尽了办法：寒冬北风怒吼，他坐在灶旁，腰弯得低低的，就着火光看书；盛夏流萤如织，他用竹篾子编成灯笼，捉萤火虫照明；打柴时他把松膏捡回来，做成油灯点燃后苦读。功夫不负有心人，罗盛教的不懈努力，换来了连续三个学期第二名的好成绩。

正当他一心用功、孜孜不倦地求学的时候，家里却再也无法供他上学了。苛捐杂税不断摊派到村里，家里生活日渐艰难。父亲想尽了一切办法，但仍然没能使他逃脱辍学的命运。他万万没有想到，才上了一年半，就离开了学堂。为此他感到非常困惑："为什么我想读书却总是读不成，那些无心上学的二流子们却能在学堂里混？爸爸一年到头辛苦劳作，一家人还是吃不饱穿不暖，而地主老财们整天游手好闲，却绫罗绸缎样样有？"罗盛教百思不得其解。这时候家里困难得连饭都吃不上了，作为大哥的他只有丢开书本，下地干活。

为了不被饿死，老实巴交的父亲含着眼泪把他送入了附近的道观当了道士。他在身穿道袍的师父脚下，面对"三大天尊"的塑像，成天跪在阴森森的青灯旁，念经、画符、顶礼膜拜……，膝盖上跪出了厚厚的茧子，还要听师父们讲离世出家修行，那些虚无缥缈的世界……。到了晚上，还要干活到深夜才能休息。在那幽暗的长明灯下，罗盛教不知流了多少眼泪。这时读书对于他来说，只是个遥远的梦想。

1945 年抗日战争胜利了，罗盛教盼着日子好起来，他就能去读书了。这时在外多年的叔叔回了家乡，说要带罗盛教出去读书。罗盛教虽然有些舍不得家，但一听说去读书，就立刻答应了。

据罗盛教的湖南老乡、一四一师战友薛汉儒回忆：他随三叔罗迭文一起来到了离家二百多里外的乾城县所里镇（今吉首），三叔在这里开了个瓷铁杂货铺子。罗盛教满怀希望来到三叔的店里，帮助打杂、挑水、烧饭、推磨、记账、擦柜台……天天从早到晚，忙个不停，起早贪黑、披星戴月地比其他学徒还要辛苦。可是，却不见三叔再提起送他上学的事。

读书的愿望强烈地刺激着罗盛教的心灵，尽管干活十分劳累，但他还是一心一意地想着上学。哪怕是几分钟的空隙，也要用来读书。

忙碌了一天后，每当夜深人静时，他便悄悄爬到阁楼上，点燃一盏墨水瓶做的油灯，支撑着疲惫不堪的身体，反复地背诵着难懂的古文，演算着费解的难题。常常是看着看着书，就趴在那个当书桌用的木箱上，不知不觉地睡着了。猛地一下又惊醒过来，忙用手掐一掐眼皮，搓一搓脸，站起来活动一下身子。强烈的求知欲又使他打起精神来，他重又拿起书本，再读、再写……就像那江边负重前行的纤夫，每一步都是那样的艰难，然而每一步都在迈步向前、向前。

只要功夫深，铁杵磨成针。罗盛教凭着坚定的毅力，在这样艰苦的环境下刻苦学习，终于获得了丰硕的成果。1946 年的秋天，他连跳三级，考进了新化县九师附小的六年级第二期。考上后，经过罗盛教的再三请求，三叔才答应了他半工半读的要求。罗盛教又兴高采烈地上学去了。从此，他像鱼儿游进了大海，拼命地发奋读书。

罗盛教上六年级后，由于刚刚跳级上来，学习的基础还不太扎实，尽管他用心听讲并做好每一道作业题，还是感到力不从心，学习起来非常吃力。但他没有灰心丧气，而是以百折不挠的精神，改进学习方法，虚心向同学求教，心中憋着一股劲，誓与最优异者一比高低。他以顽强的毅力，努力克服自己起点低、基础差等不利因素，经过一段时间的努力，罗盛教学习成绩不断提高，终于获得了丰硕的成果。到了第二年毕业的时候，他位于全校毕业生的前三名，被保送升学到第九师范学校免费就读；尔后又考入省立十三中学高中部求学，这时改名为罗盛教。

日盼夜盼，罗盛教盼望着早点开学。然而，天有不测风云。正当罗盛教为自己能够继续求学而庆幸的时候，好景不长，学校关门了。这简直是一声晴天霹雳，罗盛教听到这消息顿时觉得眼前一黑，不由得跌坐在铺盖卷上。他上学读书的愿望再一次遭受挫折，这对他幼小的心灵又是一次沉重的打击。他的心灵深处，是多么希望能有一个安定的环境，能安安静静地完成学业啊！上学读书这条路又被堵死了。年仅16岁的罗盛教，一次又一次地经受着上学难的苦涩辛酸，他的心在流泪。

革命熔炉

㊀ 在军校里

★★★★★

1949 年深秋，罗盛教家乡所在的沅陵地区解放了，湘西解放了！穷苦人挺起了腰杆，地主老财失去了往日的威风，共产党领导的人民解放军给老百姓带来了光明和幸福。这些日子，罗盛教心情特别畅快，嘴里老是哼着歌曲，走起路来一蹦一跳的，他觉得从今以后再也不用担惊受怕了，可以安安稳稳地上学读书了。

这年的 11 月，年仅 18 岁的罗盛教报名参加了中国人民解放军。据罗盛教战友谭国雄介绍："罗盛教是一个瘦瘦小小的人，他的性格非常内向。他报名以后，开始初审的时候还没有那么满意，他就表态：我要参加人民解放军，我是一个穷人出身。部队后来根据他的决心就同意了。"自此罗盛教成为新中国的第一代军人。在部队，罗盛教积极上进，参军才几个月就考入了湘西军政干部学校。

开学典礼那天，全体同学都身着崭新的军装，打着绑腿，背着背包，雄赳赳气昂昂，迈着整齐的步伐走向会场。进入红旗飘扬、标语醒目的会场，使人顿觉精神振奋。罗盛教也和同学们一样，为自己能够加入到光荣的人民军队的行列，而感到无比的幸福和自豪。那张稚气未脱的脸上，焕发出青春的光彩。

在开学典礼上，学校政委做了学习动员报告。他在报告中提出：军政干部学校，就是要培养出具有无产阶级世界观、人生观的革命战士，因此，首先要求大家学习马克思列宁主义、毛泽东思想。

罗盛教坐在那里全神贯注地倾听着，这个来自穷山乡的聪明孩子，第一次听到那么多的名词和深奥的道理，其中有许多话他还弄不明白，就像学生课堂上接触到了一种新的知识一样；

但又明显地感觉到，这绝对不同于以往学堂中的知识。他心中燃起一股强烈的求知欲望：为了这些从未听说过、从不知晓的道理，一切都要重新开始，从头学起。

军政干部学校的房子都被大水泡坏了，东倒堵墙，西裂道缝，天井长草，屋顶漏天。设备更是没有。连块黑板都叫蒋军当柴烧了。政委做了动员后，就开始了劳动建校——这是来这军政干校的第一课。

罗盛教他们中队很快投入到了劳动建校的热潮中，任务是在校部办公室与操场之间的河沟里架一座桥。当时正值腊月，天气很冷，刺骨的西北风呼啸着吹到脸上，灌到脖子里，像小刀割一样。人们的手指头、鼻子尖冻得通红。罗盛教和几个战友费了九牛二虎之力，砍倒了一棵大树，这是准备来做桥梁的。哪知道大树倒下来却一下滚到了沟里。人们这下全傻眼了。有人出了个主意：在树上拴根绳子，大家排成一长串，抓紧绳子拼命往上拉。可结果呢，累得大家汗流满面，而沟中的大树却纹丝不动。“拔河”比赛失败了。

第二天，同学们仍用和昨天一样的做法，费了很大的劲儿，但收效甚微。正当大家一筹莫展的时候，罗盛教觉得自己自幼练得一身好水性，该施展施展了。他脱掉棉裤，一转身就跳进了结冰的河沟。凛冽的寒风呼啸着，尖尖的冰碴儿割破了双脚，疼得他倒吸了一口冷气。罗盛教咬了咬牙，

△ 1966年，一群来自贵州省瓮安中学的女学生，看望英雄的母亲

随即便弯腰动手干了起来。

在他的带动下,呼啦啦又跳下去十二三个同学。大家抬的抬,拉的拉，终于把那棵笨重的大树拽上了岸。

小伙子们的劲头越来越大，越干越猛，像粒火花掉进弹药库里，爆发出不可遏制的热情。不到四个小时，一座桥就矗立在朔风之中。

第二天，一块写着“开路先锋”四个大字的红匾便挂在了桥头上。这是学校给予罗盛教他们这个中队的荣誉。

人们经过几天的苦干，只见那倒了的墙竖起来了，裂了的口子缝上了，窗明几净，四壁如雪，凹凸不平的天井变得平平坦坦，路两旁还用了碎砖砌起了锯齿形的边……学校旧貌换新颜了! 人们心里有说不出的高兴。

罗盛教在建校劳动中表现突出，受到了表扬，人人都觉得他是个了不起的小伙子,都对他另眼相看。而他自己却不以为然。他原来认为，只要早日建成学校，早日念成书，多干点累活没什么，没想到还得到了表扬! 在这样的学校里劳动，真是件光荣的事情。

此后，罗盛教依然一天到晚一声不响地干! 干! 干! 大清早,天刚蒙蒙亮，他就悄悄地去打扫天井。起床号一响，院子已经干干净净，同学们起了床，准备去打水，却看见罗盛教挑着满满一挑子水走回来了。不久，他被选为卫生组长。

劳动建校基本完成，学校转入政治教育。课程很多，要学习《目前形势和我们的任务》、《社会发展简史》、《中国革命和中国共产党》、《建立无产阶级世界观、人生观》等内容。书中的道理似懂非懂，很多新词是他从未听过的。

罗盛教所在的班级里，文化程度参差不齐，有大学生、高中生、初中毕业生……罗盛教算是最低的。大家一发言讨论，便出口成章，头头是道。盛教又羡慕又着急，心中没底，又不善辩，准备了半天，说不上三句话，就没得说了。但经过几个月的学习，罗盛教懂得了许多革命道理，他更加感到，军政干校是培养人、锻炼人的好地方。

学校所有学生一起去上大课，既无材料，又无讲义，唯一的方法就是记笔记。这可给罗盛教出了难题，抓不住要领，总觉得都很重要，但却记不下来。他不气馁，不灰心，每次上课，罗盛教都十分认真地记录着。下课以后，他再去借别人的笔记，对照自己的，对有遗漏的地方进行补充，然后再用钢笔抄一遍，既加深了印象，又锻炼了记录能力。

军政干部学校像一艘浪里飞船，沿着既定的航线前进着；盛教和他的同学们，在党的阳光雨露的哺育下，健康地成长。然而，生活是不平静的，这里同样也充满风波。

中央人民政府政务院于 1949 年 12 月 30 日发布了《关于发行一九五〇年第一期人民胜利折实公债的指示》。(由中国共产党领导的红色政权在新民主主义时期曾多次发行公债，如 1932 年江西的中央革命根据地，就曾分两期发行总额为 180 万元的“革命战争短期公债”。新中国刚刚建立的 1950 年，为了保证仍在进行的革命战争的供给和恢复国民经济，发行了总价值约为 302 亿元的“人民胜利折实公债”。)

认购公债是一项爱国运动，报纸上报道了发行公债的消息，

△ 1967年2月的这张与罗迭开老人的合照上，稚气未脱的年轻人，一脸严肃的神情中饱含着对英雄的仰慕和对英雄父亲的敬爱

同时，也报道了各地人民积极认购公债的动人事迹。学校里马上动员起来，校部组织学生进行了一次讨论，旨在通过此事，

进行爱国主义的思想教育。对于认购公债,众说纷纭,认识不一。罗盛教觉得积极响应政府号召，支援国家建设，这是每个人应尽的义务。否则还叫什么革命战士?因此，他打了头炮，把几个月积攒下来的津贴费和另外两块从家中带来的银元，全部买了公债。

在他的带动下，其他同学也纷纷用积蓄的钱买了公债。有的还撕开衬衣，将缝在里面的钞票也拿了出来。而同班的一个同学则只认购了一块钱公债，可他怀里却藏着金钗。当班长提醒他是否太少了时，他很不情愿地以自愿为理由进行搪塞。罗盛教见状十分生气，毫不客气地批评他满口漂亮词，经常唱高调，国家有困难，革命军人本应责无旁贷，关键时刻，竟如此吝啬，不肯多买一点公债为国分忧解难。几句话，触到这位的痛处，气急败坏地与他吵了起来。

事后，政委了解到事情的原委，感到罗盛教心地纯洁，为人正直，爱国上进，爱憎分明，对不良倾向敢于斗争，是棵好苗子。于是政委找到罗盛教，给他讲了国家的政策原则，引导他加强政策观念：政策规定了买公债是自愿的，就要严格按照国家规定的政策办。告诉他,大家都是革命同志,进步有快有慢,对进步慢的，不要简单生硬对待，应当给予同志式的帮助。在政委的帮助下，罗盛教觉得心里亮堂了许多。

1950年3月，参军四个月的罗盛教从军政干校毕业了。由于罗盛教在校期间表现突出，受到了表扬。为了给基层部队增添新鲜血液，输送人才，校领导决定送他去文书训练班学习。

月光朗朗，微风习习。盛教在回宿舍的路上，脑子里回味着刚才与政委的谈话，不知不觉地走上了和同学们一起修建的木桥。他留恋地抚摸着小桥的栏杆，在“开路先锋”的牌子下停住了脚步。近半年的军校生活，是那样的令人难忘。在这短短的几个月里，他好像长大了许多。现在，马上就要离开这里了，他忘不了政委的亲切教诲，忘不了同学们亲如兄弟般的关怀和帮助。他暗下决心，一定要把在这儿学到的东西带到部队，努力工作，不辜负领导和同志们对自己的期望和信任。

桥下的河水映着粼粼的月光，静静地流过政委的窗前。窗内透出细碎的灯光，与这银色的月光、流水，交织融汇在一起，闪闪烁烁。罗盛教走过木桥，望着政委窗前那一竿竿翠竹，默默地站立了很久、很久。他仿佛觉得自己也是一竿翠竹，正在屏息聆听窗内的教诲。

建国初期，随着战争基本过去，全国新解放区开展了轰轰烈烈的土地改革运动。湖南新区的土地改革运动开展得如火如荼，同清匪反霸、减租退押斗争结合在一起，客观上调动了广大农民的生产积极性。由于历史和自然条件的影响，湖南新区的土地改革是在匪患横行、地方恶霸活动猖獗、社会秩序动荡不安的环境下进行的。

1950 年的 5 月 1 日这一天，罗盛教提笔给父母写了参军以来的第一封信。全文如下：

父母亲：

我们穷人在国民党的反动统治下，是抬不起头来的。今天我们解放了，得到了自由，我们应该爱护我们的祖国，向人民政府购买公债，以期建设我们的新国家。我们翻身了，有了说话的机会，我们应该放开喉咙，大胆地说，说出在国民党反动统治下所受的苦难：方振初是直接赶过我们的牛的；祖老八是直接赶过我们的猪的；张里才是直接强迫我们当卖田地的；张守诚是直接指挥他兄弟砍过我们的李子树的；方国生当甲长抓过我们的丁搞过我们的钱的……这些冤枉事实，应在诉苦会上大胆地说去（出）来，以更深地启发其他的穷人的觉悟，和彻底推翻他们的封建势力，免得他们再在乡间蔓生。

减租退（押）运动都（到）底展开了没有？这事是关于我们穷人的，是解决我们的困难的，我们应该团结其他受苦受难的人，向有钱的人做生死的斗争，不退就不行，不要以为他向我们流了泪就宽谅他，这是不对的，因为他们欺压我们穷人，已有几千年了，他们骑在我们头上剥削我们

是不留情的，他们不管我们穷人有没有给他的，他一定要，就是逼死人也要。我们过去被人家赶牛、猪，强迫当卖，就是他们对我们的手段。我们今天翻身了，要他们退我们的钱，还我们的债，没有一定要，不要同情他，因我们受了几千（年）的苦，他们都不同情，今天他们就是哭了，叩了头，喊了爷爷，也要，一定要，一个钱也不能少。这里须注意的，他们以田抵，我们就应该不要，因为田地是我们劳动人民的，不是他娘肚里带去（出）来的，他们以田地作抵，我们应该一概不要，一定要他退租退钱。男在这里身体很好，请不要挂念，你老安心生产，多开荒。现在与以前不同了，以前是做出来的有一大半是别人的，现在做多少收多少，决定（绝对）没有人敢抢我们的。我们应该响应毛主席的号召，努力生产，解决困难，建设我们的新国家。

家信的字里行间流露出罗盛教爱憎分明的政治觉悟，他动员父母团结其他受苦受难的人们，对地主老财进行坚决的斗争。

侦察连生活

☆☆☆☆☆

湘西的群山，笼罩在清晨的浓雾里，莽莽苍苍，巍峨壮丽。有着光荣革命传统的老区人民，是这里真正的主人。为了这青山绿水能够永远掌握在人民手中，解放军某部侦察连奉命武装剿匪，发动群众，建立和巩固基层政权，连部就设在乌宿。

这时的罗盛教，经过军政干校的教育，又参加了文书训练班的学习，已经成熟了许多，用他自己的话说，是“大人物”的样子了。在军校时，罗盛教是最早申请入团的一个。他在日记中写道：“……既然入团是我的迫切的心愿，那么从此刻起，我就百分之百地以团员的标准来要求自己吧！”“……团的大门向我打开着，只要我坚定地向前走去，走进大门去……”“……我深信,这一天为时不会很久的。”是的,“这一天”终于到来了。由于他的不断努力，1950年7月1日，罗盛教在文训班光荣地加入了中国新民主主义青年团。他很兴奋，7日那天他写信给父母报告了这一喜讯。此信全文如下：

父母亲：

男于文训班学习已在共产党诞生的那一天七月一日结业了，并在那一天男已加入了自己的先进的组织——青年团。结业以后，就分发到侦察工作。现在还在招待所休息，再过几(天)就要去了。身体还很好,请勿挂念。尔来福体如何？弟妹怎样？姑丈好久来,请告诉他，男在四十七军侦察队(地址：古丈乌缩)。我地雨水还好吗？是不是有虫灾？来谕请详告。前次寄上的相片收到了没有？三叔快回来了，有空请与姑丈来接他们。没有多写了，最后祝大人福体康泰，努力生产。

男雨成敬叩

七.七

文书培训班学习结束后，罗盛教被分配到四十七军一四一师直属侦察连当文书，随即参加了湘西剿匪。

深山老林里，老乡们居住得很分散。为了便于剿匪，侦察连的战士们都分别住在老百姓家中，有的班排要相隔好几座山。盛教初来乍到，一切都是那样的新鲜。他围着连长、指导员请求尽快工作，一会儿又和通讯员商量着比赛抓土匪。身着发白的旧军装、两只眼睛炯炯有神的连长，亲自给罗盛教布置了任务：要尽快熟悉情况，包括人情、地形、各种武器弹药的名称、性能、用途；还有统计、造册等。要求抓紧时间，不出差错。罗盛教接受了任务后，便马上钻到人地两生的“七十二道湾”（湘西大山的名称）里，投入到工作当中去了。

湘西的大山数不清，罗盛教刚刚上任，

就翻山越岭地跑个不停。在陡坡密林中钻进钻出,正和他的胃口。“部队住在哪个村，那里的街道、院落就像风刮过一样干净；住在谁家，谁家的水缸总是满满的。”罗盛教开始了他的新环境下的新工作。

回到乌宿，天已黑下来了。罗盛教顾不得休息，一进屋，忙点上灯，翻动桌上的一叠叠纸片，聚精会神地按照笔记上登录的数字逐一填写、更正。山上的蚊子像小飞机一样,嗡嗡叫着,不停地朝他的脸上、头上、身上俯冲，但他全然不去理会。

那时候有许多班、排长不怎么识字，连队的许多统计报表都“缺胳膊少腿”。罗盛教来后，所有报表都做得整整齐齐，就连在朝鲜最前线炮火连天的一百六十多天里，全连所有统计报表都没出过一点差错。

那些日子里，每到一地，这位跑得腰酸腿疼的“文书先生”，便要接受大家那审慎的目光，紧张的空气使他除了公事以外,怎么也跟大伙“热乎”不起来。盛教心中很不是滋味。

晚上，当忙碌了一天的罗盛教回到房东刘老妈妈家中时,这间原来堆放柴草的小坯屋，被收拾得干干净净。搭上了床铺,支起了一顶新蚊帐。床头上放着几件已经洗得很干净的衣服。

是他昨天晚上换下来还没来得及洗的。整个布局合理，整齐划一。体现了军队和老百姓的不同。罗盛教站在那儿左右欣赏，直疑心走错了地方。

第二天才知道，隔壁房间里住着侦察连大名鼎鼎的侦察英雄陈亦雄（化名），自己屋里的变化原来是陈上士的“手笔”。提起老陈，罗盛教打心眼里佩服：陈亦雄，共产党员，冀中人，长工出身，立过两次大功，活捉过敌人的师长，获得过“神枪手”的美称，盛教以和这样了不起的英雄住邻居而感到非常自豪。他在整理侦察连军人登记册时，了解了英雄的事迹，并被深深吸引了。心中不由得产生了向英雄学习的强烈愿望。

陈上士和老乡们关系很好。部队来这里时间不长，但他像是有一股特殊的吸引力似的，只要他往街上一站，就立刻大人孩子围上来一大群。问长问短，亲热得像一家人。

陈上士心灵手巧，泥瓦木作，补锅钉瓮样样来得，连猪崽儿有个小病，老乡也来找他。他劈柴、切菜样样在行，从早到晚脚不闲，全连上下没有一个不喜欢他的。他干一行精一行，当骑兵时，跨上战马风驰电掣；任上士后，改善伙食人人夸好。他在困难面前总是那样的无畏、乐观。哪里笑声高，十有八九就是他在那里。

通过和陈上士唠家常，细心地观察他的一举一动，慢慢地盛教发现了其中的奥妙：人心换人心，八两换半斤，只要你把别人当作亲人，他们自然就会把你归入一家门。主要看自己是否真心。罗盛教对陈上士非常敬佩，暗地里处处以他为榜样。连部的通讯员开玩笑说，罗文书走路的样子都有点像陈上士了。

他请教陈上士："我能干点什么呢？"

陈上士见他很诚恳，就启发他说："你有文化呀，那可是龙王爷的帽子——宝贝疙瘩呀。战士们写个家信啦，读个报纸呀，都非常需要你这小秀才的帮助呢。你虽然也下班排，可坐都坐不住，怎么能贴心呢？别人谁敢求你呀！"

经老陈轻轻一点，盛教心头豁然开朗。

据罗盛教生前的战友们说，罗盛教虽然个头不高，但十分灵巧、纯真、热诚，能团结人，到哪儿都活蹦乱跳的，大伙都喜爱地叫他“罗驹子”。他无论是做文书还是做共青团支委，都把工作干得响当当的。上前线，很多人都把与打仗无关的“累赘”精简掉了，唯独“罗驹子”的背包里还满装着书本、文件，比别人的重一倍。

从此之后，罗盛教一有空就下班排，积极主动地接近战士们。他见有战士擦枪，就亲热地坐在战士旁边，一边帮助擦枪，一边拉家常。老战士则热心又耐心地给他介绍枪支的结构、性能……盛教和战士们的心渐渐贴在一起了。有的战士要抄个笔记啦，写个家信啦，只要对他讲一下，便随叫随到。见战士们爱唱歌，他就努力学习简谱，还做了一把胡琴送给战士们，边拉边哼唱着。战士们爱打篮球，盛教便跑去当裁判，讲篮球比赛规则。就这样，穷人出身的小秀才，用他所学的文化知识，在战士们中间发挥了不小的作用。

有一次，罗盛教帮炊事班给剿匪的同志送饭，连队因进山追击敌人，转移到了别的山沟。罗盛教就挑着担子，和炊事员一起东找西寻。衣服扯破了，浑身大汗淋漓，最后终于找到了连队。大家亲热地围着他："文书你可真行！看来是个地道的挑担的。"有的还把毛巾递过来："文书的屁股坐过来啦！"大伙都这样嘻嘻哈哈地打着趣。

心灵手巧、动作麻利是罗盛教的一大特点。因此，不管工作多么复杂，一经他手，很快就整理得井井有条。

他抓紧时间做完工作，一有空便聚精会神地学习老陈给他的《中国社会各阶级的分析》。这本书他看过几遍了，每看一遍都有新的感受。

"毛主席把中国农村社会分析得多么透彻啊。"罗盛教想。只有把欺压穷人的那些坏人，以及湘西地区和全国的地主老财们都打倒，劳动人民才能过上好日子。而像房东刘老妈妈这样苦大仇深、对解放军最亲的贫雇农，才是我们所依靠的人。毛主席是知道咱们湘西的情况哩！罗盛教越学心里越亮堂。

房东刘妈妈是军属，他见了部队上的同志，就像见到自己的亲儿子一样，总是那么亲热。战士们脱下要洗的衣服就赶快藏好，不让刘妈妈发现，尽管如此，一些来不及缝洗的衣服，还是被刘妈妈“搜”了去，洗干净补好后整整齐齐地给“押”了回来。当战士们怀着敬意对老人家表示感谢的时候，刘妈妈总是慈祥地说道：“你们男伢子粗手粗脚，有缝缝补补、浆浆洗洗的，尽管拿来吧，我比别的不如你们，这点事可敢说，你们要赶上我，还差几年哪。”战士们围坐在刘妈妈四周，就像在自己的妈妈身边，感到无限的温暖、亲切。

上级来了命令，要部队撤离乌宿。刘老妈妈恋恋不舍，总是围在战士们身边转悠不愿离开，还时常背过身去抹眼泪。盛教见状，蓦然想起了送他离开家门的母亲，心里不由得一阵酸楚。

罗盛教在收拾背包时，老妈妈手拿新做好的鞋、袜子走了进来。不等盛教开口，就往背包里塞。不拿老百姓一针一线的纪律，盛教当然懂得。任刘老妈妈磨破嘴皮，再怎么也说服不了他，他坚持不肯要，刘老妈妈只好作罢。临走时，她抚摸着盛教的肩膀，千叮咛万嘱咐：要当心身体，别冷了饿了；要注意安全，小心坏蛋土匪……盛教心里感到热乎乎的。

部队移驻李家洞，当打开背包铺床时，罗盛教吃了一惊，那双鞋袜出乎意料地从背包里掉了出来。他用颤抖的双手拾起鞋袜，抱在怀里，轻轻抚摸着：那密密的针脚，厚实的底子，整齐的鞋面。他仿佛看见老妈妈眯着眼睛，在寂静的夜里，坐在昏黄的小油灯前，吃力地一针一针地纳着，手上鼓起一条条蚯蚓似的青筋，满是“车道沟”多皱的额头上沁出细微的汗星星……

“谁言寸草心，报得三春晖。”他越来越感到刘妈妈是那么像自己的母亲，她就像一团火，对战士爱得那样深沉，对敌人恨得那样切齿。这是一种远远超过个人私情的伟大感情。是什么力量使她具有如此鲜明的爱憎？是反压迫、求解放的迫切要求和彻底消灭反动派，建立和平、幸福生活的强烈愿望啊！

这也是湘西人民共同的要求和愿望。在过去的19年中，只有父母给予过罗盛教这般的爱，这般的期望。而在这湘西的深山之中，他又一次感到了这种崇高而真挚的母爱。她召唤着罗盛教为人民解放英勇战斗，召唤着罗盛教为人民幸福、安宁献出自己的一切。

罗盛教所在的侦察连一向以骁勇善战而闻名。湘西土匪头子陈子贤、杨清漳等都是被侦察连捕获的。这天又传来了神枪手击毙土匪头子金鹏的消息。罗盛教非常高兴，为自己能在这样的连队当兵而感到自豪！部队生活是那样的紧张而有生气，尤其是和这些充满传奇色彩的侦察英雄们朝夕相处在一起，使罗盛教更加感到生活愉快而又充实。他觉得在这样的英雄连队当一名战士，是再光荣不过的了。其中唯一使他感到美中不足的是，自从参军到现在，由于工作性质的原因，还没有真正地参加过战斗，他时刻准备着跟敌人真刀真枪地干上一场。但罗盛教还是服从组织安排，认真地做好每一项细致而琐碎的工作。

经过建队教育，老同志的模范行为，促使罗盛教更加踏实认真地工作。他在生活上艰苦朴素，工作上忠于职守。和战士们同甘共苦，亲密无间。由于他工作出色，成绩显著，上级机关根据战士们的提议，给罗盛教记了一小功。

在剿匪工作告一段落，部队离开长沙整训后，罗盛教接到父亲的来信：

雨成吾儿如见。欣闻立得小功，全村欢腾。村人登门道贺，终夜不绝，如逢大庆。咸言此绝非罗某一家之荣光，实桐子村全村人荣光也。村中正进行诉苦、反霸，我穷人莫不扬眉吐气。地富昔日威风一扫而光。家中分得好谷石二，衣物若干，今冬无忧矣。行将进行土改，瞻望前途，如旭日东升，一片灿烂。此皆托毛主席之洪福，解放军指战功也。吾儿身为军旅，当一心精忠报国，无牵无挂，是所至盼。

写此信时，汝母在旁，叮咛再三，吾儿身为军人，远征八方，饮食寒暑，务宜自珍。服从首长教诲，处处学好。

做在前头，吃在后头。对老百姓要和气，对同志们要亲爱。吾儿有今朝一日，时时毋忘毛主席、共产党栽培之恩也。汝母要我将其对汝之嘱咐，反复读了三遍，一再解释，使颔首称善，慈母之心，依依可见，顺送军棋。

父 字

罗盛教把信看了一遍又一遍，他仿佛回到了那出生成长的家乡，看到了历尽艰辛的乡亲们，也看到了几回梦里相见的亲人们。父亲展开了愁眉，母亲换上了笑脸，妹妹像带露的花蕾，弟弟似雨后的春笋。人们斗地主，惩恶霸，闹土改，分田地。山乡巨变，呈现出一片崭新的天地！盛教强烈地感觉到：他肩负着家乡父老的期望和重托，肩负着历史赋予他们这一代的光荣使命。他感到了一个军人的尊严和责任。

这封信像一把火，不时地炙烤着罗盛教的心！

保家卫国

㊀ 风雨之夜

1950 年 6 月 25 日，朝鲜人民军越过分隔朝韩的北纬 38 度线，向韩国发动进攻，朝鲜战争爆发。同年 9 月，就在罗盛教接到家信后不久，美军在朝鲜仁川登陆后，很快进抵三八线。准备越过三八线，吞并全朝鲜。在美机狂轰滥炸朝鲜的同时，我国东北边境也遭到了轰炸。9 月 30 日，周恩来在中国人民政治协商会议全国委员会庆祝国庆节大会上，提出警告说："中国人民热爱和平，但是为了保卫和平，从不也永不害怕反抗侵略战争。中国人民绝不能容忍外国的侵略，也不能听任帝国主义者对自己的邻人肆行侵略而置之不理！”

“不能置之不理”这句话，后来成了美帝国主义后悔莫及的谶语。美帝国主义者错误地估计了形势，把中国的严正态度视为恫吓，加快了向中朝边境进犯的军事行动，美国侵略者把战火烧到了鸭绿江边，企图将战火烧向中国！

在这万分危急的时刻，10月上半月，中共中央根据朝鲜劳动党、朝鲜民主主义人民共和国政府的请求和祖国安全的需要，做出了抗美援朝、保家卫国的决策。组织中国人民志愿军开赴朝鲜前线，与朝鲜人民一道，同侵略者展开了殊死的斗争。刚刚推翻了三座大山压迫的中国人民，深深地懂得对待帝国主义的侵略是绝不能手软的。和平，只有用正义的战争来保卫。对于豺狼，只能给予狠狠的打击！

1950年10月到1951年6月，经过五次战役，中国人民志愿军和朝鲜人民军共歼灭敌军23万余人，把敌人从鸭绿江边赶回到三八线，并把战线稳定在三八线附近。6月30日，美国方面被迫同意进行停战谈判。

其间美国鬼子谈谈打打，假谈真打，在历时两年零九个月的谈判之后，停战协定终于在1953年7月27日签字。新中国同朝鲜民主主义人民共和国一起，同拥有世界上最强的经济实力和军事实力的美帝国主义进行军事较量，取得了胜利，打破了“山姆大叔”不可战胜的神话，保卫了朝鲜和祖国的安全。

在侵略的魔爪伸向祖国的大门、危及祖国安全的时刻，罗盛教和他的战友们，心底升腾着求战的烈焰！他与老陈一起，毅然在志愿军报名书上写下了自己的名字。

报名当天，罗盛教给父母回了封信，同时给妹妹寄了个包裹——一把梳子和两块小毛巾。

1951年4月，罗盛教和他的战友们全副武装，高举抗美援朝的旗帜，踏上了征途。列车披红挂绿，穿上了盛装，满载着祖国最优秀的儿女风驰电掣般驶向北方。

罗盛教坐在车门旁，凝望着辽阔祖国的万里河山：烟波浩渺的江湖，一望无际的水田，麦浪滚滚的沃野，机器隆隆、欣欣向荣的工厂和矿山……不断在罗盛教面前一闪而过。他自幼没出过远门，现在被祖国秀丽迷人的风景陶醉了。这如诗如画的大好河山和生活在这块土地上的勤劳勇敢的人民，怎能允许美帝国主义来践踏、蹂躏！

几天之后，在激越、嘹亮的《中国人民志愿军战歌》声中，志愿军战士们雄赳赳、气昂昂地跨上了鸭绿江大桥。罗盛教回首遥望身后的祖国，心中默念着“祖国啊，我绝不会给你丢脸，打跑了美国鬼子再见吧！”

一踏上朝鲜的土地，举目四望，只见一片焦土、瓦砾。与江对岸的祖国相比，简直到了另一个世界。新义州满目皆累累弹痕，到处是断壁残垣。黑夜中，只见一群群无家可归的老人、妇女和孩子，拥挤在土洞里，露宿在田野上。

望着这悲惨的景象，一股怒火涌上罗盛教的心头。眼前的惨景与祖国的大好春光形成了鲜明的对比。这块受难的土地与我们的祖国，仅仅是一江之隔！倘若让野兽们扑过鸭绿江，那我们的大好河山，无疑也会像这里一样，变成一片焦土！

罗盛教回想起临出发前部队首长的讲话："你们是中华儿女，肩负着重担，记住千万亲人的嘱托！保卫祖国，保卫和平，把美帝国主义从朝鲜赶出去！"他满腔的热血沸腾了！从心底里发出了"保卫祖国！为朝鲜人民报仇！"的呼喊。

这一天，罗盛教在日记中写道："凶残的美帝国主义，你这个世界上最凶恶的敌人，不把你赶下海洋，我不再过这座大桥！"

部队每晚急行军，一直向南，向南，一连走了9个夜晚。这天深夜，天气突变，乌云在空中奔腾翻滚，天黑得伸手不见五指，行进的队伍像一条长长的巨龙，冲进了无底的深潭。雷声隆隆，地动山摇，电光闪闪，云飞雾荡。顷刻间，呼啸的狂风夹杂着暴雨横扫过来，猛烈地抽打着，让人睁不开眼睛。雨水顺着脖子不停地往下流着，湿透了的军装紧贴在身上。看不到路上哪儿高，哪儿低。战士们深一脚浅一脚、一步一滑地向前闯着，不时有人跌倒，又被身边的战友拉起来继续前进。

路越来越难走，烂泥不时涌到脚面上。人们觉得浑身冷嗖嗖的。牙齿不住地打着颤，风雨越来越大，部队艰难地向前行进着。

突然，在那无边的黑暗中，闪烁着一点灯光，似乎很近，又好像很远，罗盛教以为是雨水打花了眼睛，他抬手揉了揉，仔细向前望去。没错！那确实是一点灯光！在这寒冷漆黑的雨夜里，在这荒无人烟的旷野中，这一点灯光，像一股暖流，温暖着战士们的心，大家骤然加快了脚步。

那摇摆的灯光越来越亮了。只见一位朝鲜老妈妈一只手颤巍巍地高举着一盏风灯！她浑身透湿，衣服紧贴着身子，裙角被吹得啪啦啦直响。那密密的雨点不时夹杂着冰雹抽打着她，晶莹的雨珠连成串，顺着她的发丝流下来，她的嘴抿成一条线，一缕白发散落下来，紧贴在她的额角。任凭狂风暴雨的拍打，这位朝鲜老妈妈依然昂首挺立着，像一尊雕像。

老妈妈另一只手不时地指点着自己的脚边，在灯光的映照下，只见路中一个被炸弹炸出的深坑，在风雨的吹打下泛着水花。

战士们在风灯的指引下，一个个小心地绕过弹坑。当他们从老妈妈身边走过时，便一齐向她投去敬佩感激的目光。老妈妈慈祥地对战士们频频点头微笑，好像在说："辛苦了，孩子们！"这微笑如炉火般烘烤着战士们的心，他们不停地抹着脸上的雨水或泪水。大家不约而同地向这位异国的伟大母亲致以战士最崇高的敬礼！

雷声一阵紧似一阵，一道闪电划破夜空，映照出朝鲜阿妈妮那挺立在风雨中的身影，恰似那黑暗中指引道路的灯塔，是那样的神圣！那样的威严！

似山洪暴发，暴雨依然不停。雨水和着泥土形成的滚滚浊流，已经没膝了。战士们每向前行进一步，都十分困难。哗哗的淌水声，雨点打到身上、头上和行军锅上发出啪啪的响声，以及有人摔倒在泥水里的声音，此起彼伏，混成一片。

罗盛教看见炊事班的同志负重行军很艰难。他便跑过去，抢过炊事班王班长挑的担子，大步向前走去。

陈亦雄背着“黑武器”行军锅，见盛教的挑子一半在水里，阻力很大，便上前拽住他的胳膊，并肩前行……队伍越走越远了，两人回头望去，只见那盏风灯，依然在雨幕中闪动着明亮的光。就像老妈妈那双慈爱的眼睛，亲切深情地送他们远去，盛教顿时感到一股强大的暖流遍布全身。

休息时雨停了。盛教借着炊事班的马灯，在日记中写道：“多想想朝鲜人民，你就能忘掉一切坚强起来。”

罗盛教生前喜欢写日记，从《抗美日记》的第九页开始，他写了多篇文章，文章的题目都很奇特：《过鸭绿江——回忆》、《朝鲜人民热爱志愿军——纪实》、《朝鲜人民是坚毅的——记生产》、《美军是草包——在战斗中》等等，每篇的后面，都注明“初草”、“删改”、“誊抄”的日期，从这些文字中可以看出，这位年轻的战士胸襟博大，写作刻苦认真。

怒火深仇

☆☆☆☆☆

美帝国主义在军事上不断遭到沉重的打击，1951年6月30日，“联合国军”总司令李奇微奉美国政府之命发表声明，表示愿意举行停战谈判。1951年7月10日，朝鲜停战谈判在开城来凤庄举行。“联合国军”为向朝、中方施加军事压力，破坏停战谈判，1951 年 8 月 18 日，悍然发动夏季攻势。美军飞机侵入开城中立区轰炸，破坏停战谈判，使停战谈判被迫中断。

美军一面在谈判桌上要花招，一面又利用空中优势，对朝鲜进行狂轰滥炸。侦察连为了更有效地打击敌人，转移到一个叫南映里的小山村。

这天，侦察连外出执行任务去了，只有罗盛教一人留守在村子里。忽然，敌机又像往日一样，吼叫着俯冲下来。在一阵猛烈的扫射之后，又扔下了不少凝固汽油弹，小村子顿时浓烟滚滚，那些茅草屋瞬间变成一团团火球。村里到处都是哭喊声。敌机刚走，罗盛教立刻冲出掩蔽部，朝着最近的一所房子跑去，这是安大娘的家。他一脚踹开门，一个箭步窜进去，却被一阵热浪顶了出来，只听得屋里传来断断续续的哭声。他一咬牙，又返身冲进了浓烟烈火之中。

满屋的烟火，呛得人睁不开眼睛，喘不过气来，所有能燃烧的东西都在冒着烟、闪着火光。罗盛教急切地摸索着、呼叫着。四处都是噼噼啪啪的爆裂声，房子随时有倒塌的危险，而罗盛教对此全然不顾。他顺着哭声摸去，在一个角落里找到了安大娘和她的小孙子，他一弓身把安大娘背了起来，将小男孩夹在腋下，迅速朝门口冲去。他刚刚离开，茅屋便“轰隆”一声倒塌下来。罗盛教眼前发黑，心像要炸开似的，三个人一下子都摔倒在地上。

这时，一群敌机再次盘旋着俯冲下来，显然是发现了目标，带着震耳欲聋的吼叫，投下了一枚罪恶的炸弹。罗盛教迅速一翻身，将大娘和小男孩压在身下……在爆炸声中又有几间房子倒塌了，巨大的烟尘吞没了他们。在浓烟的掩护下，罗盛教又迅速爬起，背一个抱一个，快速钻进了防空掩蔽部……

夜幕降临，同志们陆续回来了。目睹敌人的暴行，大家义愤填膺。通讯员气得直骂：“必须让狗强盗偿还这笔血债！”司号员忧心不知有多少朝鲜老乡们又要遭殃。陈亦雄看着这一堆堆瓦砾和还在冒着烟的灰烬，牙齿咬得咯咯响，愤怒使他的脸涨得血红！他发誓：“一定要将这些吃人的魔鬼赶出朝鲜！”

罗盛教在同志们回来之前，已经把烧坏的衣服脱下来，一针针缝好了，帽子也换了，只有耳边一溜泡还火辣辣地疼。他什么也没说，来来回回地给战士们端水送饭。可白天的事像长了翅膀，熄灯前晚点名的时候，连长在队前表扬了罗盛教，并简要地叙述了救人的经过，号召大家向他学习。

朝鲜人民是英雄的人民，他们没有被美国鬼子的飞机大炮所吓倒，相反，敌人残酷的屠杀和疯狂的破坏，使朝鲜人民更加坚定了要把美帝国主义从国土上赶出去的决心。南映里的人们，从被炸倒的屋舍中爬出来，紧靠山坡搭了棚子，挖了窑洞，依然顽强、乐观地生活着，努力建设自己的家园。

清晨，妇女们从各自的棚子、窑洞里走出来，匆匆洗一把脸，便扛起锄头、背上孩子走到地里干活去了。让这片燃烧的土地长出丰茂的庄稼，是这里的人们的坚定信念。

为了这个信念，她们面朝黄土背朝天不停地干，渴了喝口溪边水，饿了啃口冷饭团，用辛勤的汗水描绘一幅绚丽的蓝图画卷。

晚上，老乡们掌着灯为战士们缝补军装。常常是年轻妇女同戴着老花镜的老大娘一齐伏在一件军装上，穿针引线细密地缝着，把她们的全部心思一齐缝在了军装上。人们朝朝暮暮忙碌着，没有长吁短叹，也不愁眉苦脸。

罗盛教把人们的一举一动都看在眼里、记在心中。如此善良、勤劳的人民，却被美国强盗恣意蹂躏，逼得她们露宿山林。他看到朝鲜人民在美国侵略者铁蹄下所受的苦难，心情非常沉重，暗下决心，一定要在抗美援朝中贡献最大的力量！只有狠狠地打击侵略者，人民才能过上幸福安宁的生活。

一天，罗盛教与陈上士给前沿阵地送饭回来，路过一个大土堆。这是在我部队到来之前，敌人犯下的又一滔天罪行——活埋了好几十个老百姓。罗盛教和战友怀着十分沉痛的心情，在大土堆前驻足默哀。一阵风吹来，只见那土堆上的沙石中，露出了一只鞋带子。老陈放下手里的扁担，从沙石堆里捡起一只小红鞋。他的脸色变得阴沉、严肃。

罗盛教接过那只做工考究、颜色依旧鲜艳的小红鞋，心里一沉，他仿佛看到了孩子那娇嫩可爱的笑脸，它的小主人一定是个天真烂漫、活泼可人的小姑娘。整天生活在炮火下的人们，是那样强烈地憧憬着美好的明天，描绘着安宁的未来。而孩子是这个人群中最动人最绚丽的花朵，正是未来的主人。可灭绝人性的强盗们，竟如豺狼一般，吞噬了这幼小的生命。罗盛教默默地将那只似乎还带着体温的小红鞋，小心翼翼地埋在了泥土中。而仇恨的种子也深深地种在了心里。

这时敌人的炮弹呼啸着飞过我军的阵地，不断地落在附近的村子里，发出阵阵巨响。罗盛教愤恨地说："这算什么和谈！骗子！"

忽然山坡那面传来了孩子撕心裂肺的哭声。他和战友匆忙循声而去，翻过山坡，拐了几个弯，在一个防空洞旁边，只见一个小孩扑在一位妇女身上，全身沾满鲜血，一边哭着一边叫"阿妈妮"，几乎昏死过去。那妇女的衣裙被血染得看不出原来的颜色，胸部、腹部被弹片撕裂开来，殷红的鲜血把满头披散的乌发粘结成一片。她手里还紧紧握着锄头，锄头把上也在滴着鲜血。她背上背着的婴儿，已炸得只剩下一段身子了。

这突然出现在眼前的惨景，使罗盛教感到猝不及防，手里的急救包一下子滑落到地上。他愤怒得浑身颤抖，像是有什么东西在吞噬着他的心。

这是刚刚发生的事情。就在刚才，这位母亲带着两个孩子还在为明天的幸福辛勤地播种、耕耘。汗水顺着她的脸颊淌下来。她一边用毛巾擦着汗，一边望着两个孩子微笑着。这是她的希望，她的命根子，正是为了他们，她才冒着炮火赶到这里。可是现在，这儿只剩下了一个孩子——只有一朵生命的小花！这朵小花，被遗弃在播种着美好愿望的土地上，遗弃在一片殷红的鲜血上！

罗盛教一把将孩子揽在怀里，为他擦拭着满身血迹，孩子从昏迷中清醒过来，两只圆溜溜的眼睛紧盯着罗盛教，两只满是鲜血的小手，紧紧抓住他的衣襟。

罗盛教到附近找来了一位朝鲜老大爷，借了镐锹，冒着敌机再次轰炸的危险，不顾一切地把这位朝鲜妇女埋葬在她方才倒下的地方。他们把坟头堆得高高的，并且从附近移来了一棵小松树，栽在了坟前。两个人慢慢举起了拳头：“我们要报仇！”两人不约而同地吼了起来。刹那间，所有的东西在他们眼中，都变得那样渺小，仿佛世界上没有任何不能战胜的东西。

罗盛教脱下一件衬衣，连衣袋里仅有的钱，作为一点心意，带着体温交给了朝鲜老大爷，请他帮助抚养孩子。

回到连队以后，罗盛教的心情久久不能平静。他呆呆地坐在窗前，那惨不忍睹的场面，不时地萦绕在脑际，感情的潮水，一个波浪接着一个波浪。

罗盛教入朝以来，虽然没同美国鬼子面对面地打过仗，但是，侵略者遍布在朝鲜土地上的一桩桩、一件件的令人发指的暴行，使他心中充满了对美国鬼子的仇恨。强盗们肆无忌惮的凶狂，使一个宁静美好的国家，变成了一片火海，一堆废墟！一切爱好和平和主持正义的人们，是不会轻易饶过他们的。这些历史的罪人，终将受到历史的审判！

罗盛教的心像一团烈火在焚烧！他想大声疾呼：血债要用血来还！他恨不得立即化作一枚炸弹冲上阵地，杀进强盗群中，与这人世间无法容忍的罪恶同归于尽！

也不知过了多久，罗盛教始终无法使自己的心情平静下来。只见他拧开手电筒，俯身翻开日记本飞快地写道：

当我被侵略者的子弹打中以后，
希望你不要在我的尸体面前停留；
应该继续勇敢前进——
为千万朝鲜人民和牺牲的同志报仇！

罗盛教，这位来自资水河畔的小伙子已经把自己的命运与朝鲜人民的命运结合在一起了，为了朝鲜人民的解放随时准备牺牲生命！

劈风斩浪

☆☆☆☆☆

美帝国主义在谈判桌上的花招被识破以后，他们看捞不到什么油水，便恼羞成怒，调兵遣将，纠集兵力，以狂轰滥炸和重点封锁，来摧毁我军的给养运输线。我们的供给线遭到了严重的破坏，粮食、弹药的运输遇到了很大的困难。即使运上来了，也不易送到前沿阵地。连首长们为此伤透了脑筋。

深夜，连部还亮着灯，连长对着

不时爆出火花的油灯发怔。一排去前沿侦察任务，已经8天了，弹药、给养一定要送上去！但是要尽量减少伤亡。这可是个难题。要选派机智、勇敢的同志担任领队，可连里几名干部都因公不在，怎么办呢？他的确发了愁。

这时，连长的脑海里出现了一个非常清瘦的面孔，燃烧着怒火的眼睛，他一拍大腿，几乎和指导员同时脱口而出："小文书！"

罗盛教是个老战士了，离开南映里以后，他几次要求上前线，单独执行任务，都没被批准。这次是上前沿阵地，距此40多里地，而且又要翻好几座山，管理排中小文书还是很能胜任的。想起他那燃着火的眸子、握紧的拳头，指导员深深地为这淳朴而强烈的求战情绪所感染，不禁回忆起上次连长带他送弹药时的情景：

这一天，他们正走在一片开阔地上，敌人突然打起炮来。炮弹接二连三地在周围爆炸，猛烈的炮火压得人们抬不起头来。连长带领大家把弹药搂在怀里，跑跑停停，断断续续地前进着。只见他们跑起来一阵风，卧倒后大口地喘气。

跑过了封锁地带，他们来到一条小河边，河对岸就有敌人在活动，月光朦胧地隐在云彩里，摸不清对岸的情况，河上的独木桥不见了，只有桥墩还在。“留得青山在，不怕没柴烧”，看见桥墩，罗盛教心里有了底：再架一座桥！不等连长说话，他便自告奋勇地说：“我会游泳，不成问题。”为了保险起见，连长要派两个人一起去，可罗盛教怕人多暴露目标，坚持一个人去干。他溜到水边，像泥鳅一样无声地潜入水中，水面上闪动着一溜暗暗的波花。

不一会儿，对岸传来轻轻的掌声，这是罗盛教没发现敌人打来的暗号。他过去之后，将断松的一头扛在肩上，弓着腰用劲拉到了河里，然后放在桥墩上，独木桥就这样架起来了。

同志们过桥时，罗盛教怕圆圆的松木滚动，就跳进水里，用双臂紧紧搂住，用肩膀扛夹着协助固定。

任务完成以后，回到连部，很少表扬人的连长对盛教赞不绝口。因此，这次运输的担子就落在了罗盛教的肩上。

半夜，阴云密布，电闪雷鸣，大雨倾盆而至，直到天明。

风住雨止，送粮队整装启程。罗盛教他们一行 14 人，像一支绿色的利箭，射入高山密林之中。每人身上背了 50 斤大米或者面粉。管理排的战士很少有机会上前沿，这次他们既感到新鲜又很紧张。开始步伐很快，一会儿，便个个脸儿通红、汗珠晶莹了。

穿过尖利的岩石和丛林，他们的手脸被划出一道道血痕。轻风吹过，一株株被炮弹削去半边的大树，洒落下残存的雨滴；嗡嗡作响的蚊子不时从四面八方袭来，战士们的手、脸都被叮起大包，成了名副其实的“包老爷”。

下了山以后，是一片开阔的旷野，海风漫过山谷，呼叫着扑面而来。雨后的焦土变成了泥浆。大家顶着劈头盖脸的狂风，踏着泥泞，每走一步，都十分吃力。

跨过平地，又一次进入山中。在一座路窄草滑的陡崖旁，大家跟着罗盛教鱼贯而行。猛然间，崖的另一边传来吓人的隆隆的吼声，像松涛，又像是远方的惊雷。大伙儿面面相觑，不知何故。

罗盛教侧耳细听了一阵儿，快步转过崖角。他大惊失色，大家也情不自禁地“呀”了一声，停下了脚步。原来这里蜿蜒着一条小溪，滂沱的大雨使它变成了一条浊浪翻滚的河谷，挡住了去路。山洪和着枯草和连根拔起的小树以及斗大的石头，卷起咆哮奔突的恶浪，漫漫山谷里回响着轰隆隆的巨响。大家一声不响地放下粮袋，望着河水直发愣，出人意料的险境，使小伙子们一时没了主意。

罗盛教十分心焦，但表面上并没有丝毫流露。他镇静地观察了整个情况，但心中有些沉不住气了，他望着地上的一排粮袋：这是从祖国跨过千山万水，历经千难万险，穿过封锁线、重点轰炸区，几经辗转才运到我们手中的，寄托着祖国人民的无限关怀和期望的粮食，因为

眼前的洪水而运不到前沿阵地战士们的手中，我有何面目去见一排的战友？回去又怎么向连长、指导员交代？怎么办？怎么办？

罗盛教边思考着，边往漫无边际往河岸上扫视着。突然，他的眼前一亮："有缆子！"

有条拇指粗的竹缆，两端系在岸两边那直入高空的落叶松上，中间耷拉到水里去了。罗盛教估摸着大概是过往的工兵连，在黎明前水势不大时拉的。他那略微消瘦的脸庞上，焕发出兴奋的光彩。

大家欢叫起来，纷纷背上粮袋，通讯员第一个抓住竹缆，就要下水。罗盛教一把揪住："先别下去！"他叫了几个人一起抓住竹缆，合力一拉，竹缆"嘣"的一声，从对岸的树上断了！通讯员吓得直伸舌头。

大伙儿刚刚起来的情绪又下去了。罗盛教沉思了片刻，突然迅速地脱着衣服，他一边吩咐大家把断缆收上来检查一遍盘好，把背包带接起来用死结拴牢。

同志们明白了罗盛教的用意后，纷纷上来阻拦。望着一张张关切的面孔，罗盛教眉梢高高扬起，他将同志们逐个看了一遍，目光里带着坚毅。在他那沉静坚韧的性格里，别有一股潜在的热情，一股轻易看不到的踊腾奔突于内里的暖流。已将生死置之度外的他，迅速将背包带一头拴上腰，另一头接在缆子上。他活动一下身体，拨开草丛就钻到了水里。

一只雄鹰在高空盘旋着，尔后直冲下来，伫立在水湾处那巨大的石壁上，用犀利的目光注视着洪波嘶啸的激流，似乎等待着英雄的壮举。

罗盛教钻进水中，四周响起一片风吼与涛声。他眼明手快，侧身逆流，斜着往前游，游至河心，急浪狂涛滚滚而下，排山倒海，雷霆万钧。罗盛教时起时伏，无所畏惧。当他刚刚从一道恶浪的谷底间探头换口气时，冷不防又一个恶浪当头击下，打得罗盛教眼花耳鸣，手足无措。好不容易缓过气来，腰里的背包带又突然加重了，好像有千钧之力，他拼命折身回游，以最快的速度猛地往水面一蹿，才又一次脱出了险境……岸上的十多双眼睛，目不转睛地望着他，十多双手攥出了汗水……

终于，罗盛教抓住了岸边的茅草，一纵身爬上了对岸。大家不约而同地欢呼起来！那激动的心情溢于言表。岩石上的那只苍鹰，在战争年代里，对于战火硝烟是司空见惯了，而今又目睹了这搏击风浪的精彩场面，由衷地敬佩人类的力量，它欢叫一声，扇动着翅膀，腾空而起，向远方飞去。

罗盛教把竹缆从背包带上解下来，重新在大树上拴牢，又下到水里，手抓竹缆，脚蹬巨浪，一上一下，一摇一摆地过来了。同志们立刻围上前去，有的竖起大拇指，有的递过毛巾来擦水。通讯员打趣地说："罗盛教赶上'浪里白条'了！可惜年代对不上，不然一定得跟他比一比，说不定他还不如我们文书哪！"众人哈哈大笑起来。笑声在山谷中回荡着，盖过了河谷中汹涌的涛声。

在罗盛教的悉心安排下，同志们信心百倍地背好粮袋，抓住竹缆，手攀脚蹬，一个个安全地通过了河谷。

粮食终于送到了一排所在地。排长非常高兴地说："我们快三天没吃饭了，净挖些野菜、野苞米哄肚子，幸亏你们驾到，不然我们都快成人干——挂起来啦！”在欢笑声中，大家你捅我一拳，我打你一下，是那样的亲切热烈，罗盛教望着同志们，长出了一口气，心头卸下一副重担。在他出色地完成了任务的同时也锻炼了自己，在斗争中成长起来。

英勇阻击

美帝国主义一面主张和谈，一面又露出狰狞之状，1951 年 9 月 29 日，

“联合国军”不甘心夏季攻势的失败，又发起秋季攻势。

“指导员，给我最艰巨的任务吧，我要为朝鲜人民报仇！”

罗盛教站在指导员面前，眼中闪着坚定的目光。指导员没开口，他仔细打量起这年轻人：从他的脸上，看到了埋葬被炸死的阿妈妮时，那难以抑制的愤怒；也看到了他送粮架缆中的大胆与沉着。好钢是千锤百炼出来的，有志气的战士，哪一个不想在枪林弹雨中闯一闯！今天的罗盛教，已经不是凭一时的冲动和热情来求战了。指导员的心里，一股喜悦之情油然而生。这是埋葬朝鲜母亲后不久的一个晚上，侦察连又要到牛尾洞打伏击，罗盛教又一次请战，连长把罗盛教安排在救护组。

最近一个时期以来，前线战斗更加频繁，仅侦察连守卫的阵地上，一次就击败了美军一个营的进攻。日日夜夜，人们兴奋向往的都是战斗！战斗！胜利！胜利！罗盛教除了自己的工作以外，还参加了战勤工作，但他渴望着更多的锻炼，渴望着对战斗有更多的贡献。晚上，他曾经遥对着炮火连天的阵地，满怀激情地吟诵：“……青春是美丽的。但一个人的青春可以平庸无奇，也可以放射出英雄的火光……我必须把我放在炉火里，看看是铁还是钢……”

牛尾洞充满了神秘、紧张的气氛。

一个漆黑的夜晚，罗盛教和同志们顶风冒雨，在荒草遍地的山坡上，修好了临时工事，然后悄悄潜伏下来。关注着敌人那里忽明忽暗，不断闪现、转动的探照灯光柱，想到第二天天亮就要与敌人展开白刃战，头一次参加战斗的罗盛教，用手摸着插在腰间的两颗手榴弹，心情十分激动，怎么也平静不下来。

敌人进入了伏击圈，一排长带领的掩护组的机枪、冲锋枪吼起来了，喷射出一道道火舌，把整个山洼打得硝烟弥漫。

我军的火力压住了敌人，可敌人倚仗人多，呐喊着往上冲，短枪和手榴弹成了近战的最好武器。枪声、手榴弹爆炸声，和人们的吼叫声、呼喊声交织在一起，像暴风骤雨经久不息、反复回荡。

战士们奋勇杀敌、无所畏惧的英雄气概，深深感染了罗盛教，他拔出手榴弹握在手中，两眼逼视着前方，紧张地寻找战机。“我一定要杀死几个美国鬼子，为朝鲜人民报仇！”硝烟弥漫，战火纷纷。一个战士在枪声中倒了下去，罗盛教马上冒着“嗖嗖”的子弹跑过去。

“卧倒！卧倒！”同志们着急地大喊。罗盛教刚刚卧倒，周围立刻扬起一片尘土。连长严厉地告诉他：“往前冲要压低一些！”罗盛教一股劲地爬着、滚着，背下一个伤员后，他好像更大胆，也更沉着了。

枪声更激烈了，战士们与敌人展开了你死我活的肉搏。只见刺刀闪闪，枪托飞舞，到处是杀声、惨叫声和中弹后倒地的声音。人们都杀红了眼，不顾一切地与敌人扭打在一起。

罗盛教正蹲在战壕里，为一个伤员包扎伤口。忽然，一个鬼子端着刺刀对着陈上士的侧后方扑过来。眼看就要扎到老陈的后心，罗盛教见状一边急得大叫着提醒老陈，一边蹿了出去。

老陈正在与一个鬼子搏斗，听到喊声，他敏捷地向旁边一闪，前面鬼子的刺刀扎过来，恰好正中后面这一个的胸口，只听得“啊”了一声，鬼子像麻袋重重地倒了下去。那一个还没来得及回过身来，就被老陈一刺刀结果了。好险！罗盛教不禁抓住了陈亦雄的手。

正在这时，又上来几个。由于敌人是偷偷摸过来的，等到他们发现的时候，两把刺刀就已到了面前。老陈见势，急忙将盛教用力一推，手疾眼快地用左手抓住了左边刺来的那把刺刀，右脚腾起，踢飞了右边的那把。同时,用握着的短枪，向敌人的天灵盖猛砸。只一下，那家伙“呀”的一声，双手抱头，朝下栽去。左边的鬼子被陈亦雄的壮举吓慌了，使劲一拉枪，把老陈的手拉出了两道血口子。

△ 志愿军战士在战场上英勇杀敌

这时，罗盛教已翻身爬起，迅速赶到。他以闪电般的动作，拦腰抱住了这个比他高一头的强盗，摔倒在地。

鬼子被搂抱着，行动不得。干脆刺刀一丢，扭打在一起。鬼子五大三粗，一下子把罗盛教压在底下。

关键时刻，陈亦雄一枪结果了敌人的性命。这时，左侧的枪声突然密集起来，老陈顾不得与罗盛教打招呼，一个急转身，向左侧跑去。跑着跑着，一颗炮弹在他身边爆炸了。他打了个趔趄，在火光中倒了下去。

罗盛教扑过去一看，老陈负了重伤，只见他脸色蜡黄，紧闭双眼，殷红的鲜血，把后背的衣服都渗透了。罗盛教急切地呼喊着老陈的名字，用微微颤抖的双手，替老陈简单地包扎了伤口。

他弓腰背起陈亦雄急急忙忙往山下跑，激烈的枪声，隆隆的爆炸声，他全然不顾，只有一个念头：越快越好！一定要把他抢救过来！

刚刚走了几丈远，敌人机枪一阵扫射，罗盛教一个踉跄，摔倒在地。伤员从他背上滑了下来，鲜血又重新浸了出来，煞白的脸上沁出一颗颗黄豆大的汗珠。罗盛教心像刀割一样难过，他有点惊慌失措，毛手毛脚地替伤员擦汗。

剧烈的疼痛，使陈亦雄扭曲了脸，但他硬撑起来，伸出大手，擦着罗盛教脸上的汗水，并安慰着他。罗盛教努力使自己镇静下来。

他俩又前进了，罗盛教重新背起老陈，老陈用很轻的声音指挥着。巧妙地避开敌人的炮火，终于下了山，顺利地到达了临时包扎所。

当盛教带着对敌人的满腔仇恨，返回阵地时，正好敌人组织了反冲锋。一排长对他说："我用机枪，你用手榴弹。我换弹夹时，你就给我炸！咱俩要给狗娘养的一点厉害瞧瞧！"罗盛教眼睛冒着火，紧握着手榴弹。

机枪停了，鬼子乘机抬起了头，哇哇怪叫着，端着刺刀冲上来。罗盛教看着这帮恶魔，义愤填膺，怒火满腔："混蛋！你们来吧！尝尝我的厉害！"罗盛教用尽平生力气，甩出了第一颗手榴弹，将最前面那个鬼子砸倒了。鬼子把枪一丢，"哇"地抱住了脚，躺在地上大哭大叫，其他的也赶忙趴在地上。

但过了一会儿，也没听到爆炸声。当鬼子明白是手榴弹没拉弦，又咕噜着爬起身时，一排长的机枪又响了，像风扫残云，鬼子被打倒了一大片。

罗盛教看着一排长的雄姿，十分惭愧。“我怎么一到真正打的时候就犯晕呢？”鬼子又冲上来了，一排长吼了声：“手榴弹！”罗盛教右手抓起一颗手榴弹，站起身来，左手将弦猛地一拉，手榴弹引线“嗤嗤”响着，他高举起来，迈开大步朝鬼子走去。

鬼子被吓愣了，呆呆地不知怎么办，也有的掉头往回跑，眼看着冒烟的手榴弹就要炸了，他才使劲一抛，手榴弹在敌人的头顶上开了花。他亲眼看见有两个鬼子倒下了，长长地出了一口气，又投入了战斗。

飞闪的火光中，滚滚的风烟下，飞溅着敌人的碎布和血肉，敌群里一片鬼哭狼嚎……罗盛教越打越勇，扔一颗手榴弹“这是为陈亦雄报仇的”，又扔一颗“这是为阿妈妮的……”

第一次参战，罗盛教受到了很大的锻炼，在别人看来是普通的经历。在他看来，确是一生中难忘的大事。

国际主义战士

兄弟情谊

☆☆☆☆☆

1951年冬，美帝国主义的“秋季攻势”被粉碎了，中国人民志愿军和朝鲜人民军的奋力抗击取得了伟大的胜利。侦察连奉命调到后方休整，来到了平安南道成川郡石田里。

这是一个秀丽的小山村，西山坡上，住着十多户人家。纷飞的战火送走了金秋，皑皑的白雪迎来了又一个严冬。曲折蜿蜒的泥栎河像条玉带围绕在村前，透过河面上那层晶莹的薄冰，数得清嬉戏的游鱼；河对面的佛体洞山银装素裹，却依然显得青葱茂丽；屋顶上炊烟袅袅；地里辛勤劳动着的阿妈妮和姑娘们……披着硝烟走下战场的人们，难得看到一幅这样恬静闲雅的图画。这使罗盛教又想到了自己的家乡——桐子村。

部队在朝鲜老乡家里住了下来，不久就和老百姓混熟了。他走进房东崔大娘家，进屋一闻到那暖烘烘的酸菜味，就像是回到了故乡。他带领通讯员等人，帮助房东大娘收豆子，收红薯。还帮崔大爷抱稻草修房子。一有空，他便帮助没有劳力的妇女们铡草、喂牛、舂米。

天气一天天冷起来，严寒侵袭了小村，老天爷发着滴水成冰的龙威。罗盛教看到阿妈妮每天清晨冒着刺骨的寒风，跑到几里地以外的地方去顶水，十分辛苦。他便有个计划：把阿妈妮打水的事全包了。

第二天早上，在他的带动下，大伙儿都悄悄地提前起了床，每人拿着一个大肚罐子，将水装在里面练习顶水。

破晓时分，姑娘们身穿鲜艳的朝鲜服装，陆陆续续地顶着空罐走来了，见到盛教他们学顶水那副认真的样子，个个笑得前俯后仰。笑声中又投来了钦佩的目光，丢下了一连串赞扬声。一罐罐清凌凌的泉水，和着笑声送进了石田里的一幢幢茅屋。

在石田里，同志们都觉得罗盛教格外开朗、活泼，简直就像是“孩子王”。他在街上走，后面孩子们就会跟上一长串。

孩子们聚在一起时，也常来找罗盛教玩。他们蹦蹦跳跳地拥到崔大娘家的院子里，先派出一两个蹑手蹑脚地走到罗盛教的住房门边，如果见他正忙，就悄悄溜走；要是他空闲着，就“噢”的一声，蹦进屋内，笑嘻嘻地把罗盛教拖出门。门前，还有一大堆孩子等着呢。

这时，罗盛教就让他们排好队，和他们一起“丢手绢”，做“老鹰抓小鸡”的游戏，或者是教他们唱中国歌曲。孩子们不懂中国话，可唱起中国歌来，学得却很快，几遍下来，就都会哼了。孩子们又给罗盛教唱朝鲜歌曲，他总是很认真地听着、哼着……

望着这些活泼可爱的孩子们，罗盛教明白了，保卫祖国、保卫和平、浴血奋战、与死神搏斗着的人们，之所以由衷地热爱孩子，正是因为他们身上寄寓着自己为之奋斗的希望与理想。

转眼，1952 年元旦即将来临。

“风雪大练兵，过一个革命化的新年！”这是侦察连官兵们提出的战斗口号。只见战士们有的在积雪的山坡上做战术动作，有的在小操场上喊声震天地练刺杀。连部班的同志们集中到泥栎河的平滩上练投弹、射击。

正当罗盛教把全力集中在靶上练习瞄准时，一排长等人跑来找他申领教练弹。

罗盛教两手一摊，“空空如也”，他让大家先回去，自己抱着脑袋，思索了一会儿，突然眼睛一亮：“有了，先制作几个简易的吧！”于是连部班的人一齐动手，找来了坚实沉重的铁壳子树，制作出一批教练弹、检查靶。

翌日清晨，罗盛教顶着水罐回来时，一进门，不由得愣住了：院子里奇迹般地出现了一堆木制手榴弹……这是房东崔大爷一夜未眠的成果，为部队解决了训练难题。

同志们直夸罗盛教，声言要为他请功。而罗盛教深邃的眼里迸出兴奋的火花，朝鲜人民总是把对志愿军的爱，深深地埋在心底。这些，也深深地激励着罗盛教！

元旦前的一天，气候寒冷，天空阴暗。石田里的妇女们忙着做纸花，扎彩带，给志愿军同志洗被单，收拾房间，迎接新年。

突然，外面人声嘈杂，是“小胖墩”崔莹给志愿军送鱼来了，这是他们砸开冰河摸出来的。为了让志愿军叔叔过个好年，送这个礼物是孩子们绞尽脑汁想出来的一点主意。

罗盛教一把把崔莹拉到怀里，握起他那冻得通红的小手，一边搓着，一边哈着热气。这是朝鲜人民的深情厚谊呀！可爱的孩子们，也像他们的父亲母亲一样，恨不得掏出自己的心献给志愿军叔叔。为了这一代夺取明天，创造未来，我们还有什么舍不得的呢？！

外面天气骤冷，漫山遍野下起了纷纷扬扬的大雪。罗盛教和战友们跑到街上，在这银白世界里，敲锣打鼓扭秧歌，尽情地笑闹着。不一会儿，村里的老乡们也都纷纷出来。他们身着艳丽的盛装，在铜盆和水瓢的伴奏下，翩翩起舞。两支“大军”，围着村子边走边跳，两国军民共度节日的热烈气氛，简直要把这个小山村给抬起来了。

房东崔大爷一家更是忙个不停，他们搬出了自制的美酒、丰盛的菜肴和打糕，招待志愿军同志们。老乡们按照自己民族的风俗习惯，向战士们表示感谢和祝贺新的一年。

欢乐与友谊的激情，笼罩着席间的每一个人，大家越喝越高兴，有人带头唱起歌来，其他人便拍着手或用筷子敲打着附和。崔大爷等更是兴奋至极，他们亮出了拿手戏——跳起了朝鲜的民族舞。村里的小姑娘打扮得红红绿绿敲着长鼓，也来助兴。一时间，大家全都跳起来了。满屋里，男的、女的、老的、小的、唱的、跳的、闹得可欢了。连平时从不唱歌的连长，也自告奋勇地唱了一个家乡小调。罗盛教也不知不觉地参加了跳舞的行列，他那很不高明的舞姿，引得大家哄堂大笑。唱呀跳呀，人们闹了一整天。

当罗盛教带着欢乐的心情，回到灯光闪亮的房间里时，暖烘烘的屋子被收拾得干干净净。炕桌上摆着诱人的苹果、山梨和栗子，是崔大娘用来招待志愿军战士们的。在摇曳的油灯下，他看到了一封来信。

读了父亲的来信，罗盛教的心又飞回

了家乡："离开父母五六年了。这五六年的变化真大啊！家乡旧貌换新颜了，让人从心底里高兴。那蒸蒸日上的生活，就是要靠我们来保卫的。为了乡亲们都有好日子过，为了朝鲜人民，我也要在这里战斗下去，直到把美帝国主义赶出去！"

"前一段战斗紧，没能给父母去信。现在要好好给他们写一封信，详细点儿，让父母了解儿子的情况，也好放心。"他边想边铺开了纸，认真地写了起来。

他写朝鲜的美丽，与朝鲜人民的友谊；写美国强盗的残酷暴行，朝鲜受到的践踏、蹂躏；写战友们的勇敢机智；写阿妈妮待自己胜过亲人；写朝鲜小朋友的可爱……越写越觉得自己已经爱上了这块土地，爱上了这里的人民，并决心为他们贡献出一切。罗盛教挥笔疾书，他被自己的情绪激励着、感染着……

正写得入神，忽然崔大娘从隔壁跑过来，"噗"的一口吹熄了灯，硬将他按进了被窝。嘴里叽里呱啦的，意思是说："都什么时候了，还不睡？不知爱惜身体！"罗盛教像个听话的孩子，他在心里对妈妈说："您放心吧，这里有一个妈妈酷似亲娘。"

罗盛教睁大眼睛，看着黑洞洞的屋顶。记得6年前离开家时，也是这样黑的天。妈妈在默默地流泪，爸爸长吁短叹。那时显得憔悴、衰老的父母，现在该挺直腰板，夜里不再为噩梦所侵扰了吧？14 岁到了湘西，在瓷铁铺的小板楼上，罗盛教也曾睁大眼睛盯着黑洞洞的屋顶，盼望着黎明，期待着亮光……自从到了部队上，罗盛教才觉得真正有了家！

罗盛教深深地感觉到：部队的怀抱里，充满了阶级友爱，充满了大家庭的温暖。这温暖来自陈上士、指导员、连长、一排长、王班长、通讯员……岂止是部队？还来自乌宿的刘妈妈，风雨之夜高举风灯的阿妈妮，以及方才吹灯掖被的崔大娘……这温暖，来自中国也来自朝鲜；这温暖会化为一股势不可当的力量，能摧毁任何凶恶、强暴的敌人。

青春闪光

★★★★★

1952年1月2日早晨，窗台上拥着积雪，屋檐下垂着冰凌，大地银装素裹，泥栎河上覆盖着厚厚的冰雪。

上操的时候，连长号召大家努力学习军事技术，进一步提高战斗力。出完早操，罗盛教记起河边扔着两个打不响的手榴弹，找回来练习投弹，比木制的更得心应手，更能使上劲儿。于是他叫上理发员宋惠云，向河边走去。

朔风怒吼，大雪弥漫，打在脸上像刀割一样疼痛。黄棉军帽的前沿上、眉毛上、睫毛上都结挂着白花花的霜絮，寒气逼人，是个能冻掉鼻子的鬼天气，气温足达零下20度。手一伸出来,立刻就僵住了。

一眼望去，清清的泥栎河蒙上了厚厚的亮晶晶的冰层。“巴里巴里！”（朝鲜语：快！快！）对面传来稚嫩的叫声。在这玻

△ 罗盛教奔向落水儿童

璃一样的河面上，有四个朝鲜少年在滑冰，他们脚踏自制的滑雪车，手握小棍用力一撑，雪车就跑动起来。随着双手不断地用力，速度越来越快。这时，他们便直起身，两只胳膊像迎春展翅的燕子似的，疾速滑翔飞掠。四个少年恰似两对雏燕，朝罗盛教他们飞过来。虎实精灵的小胖墩崔莹冲在最前面，活泼矫健的明玉轻捷地紧随其后。他们快活地招了招手，便围着他俩转起圈来，而后又像飞燕一般掠走了。

罗盛教记得手榴弹就在前面那个小木桩附近，现在那里是白茫茫一片。他俩扒开深深的积雪，聚精会神地搜寻。鼻尖已经发麻，冻得胡萝卜似的手指头，每扒一下，都针扎一样难受。

“咔嚓！”

“咿呀——”从泥栎河沿山拐弯、水深流急之处，传来了尖利的惊叫声，只见一个孩子连同滑雪车一起掉进了冰窟窿中。那孩子拼命地扑打着冰面，奋力地挣扎着。周围的冰不断地断裂着离开了冰层。岸上的孩子呼喊着，奔跑着慌作一团。有一个孩子手握一根小木棍，向前探着身子，想援救那水中挣扎的小伙伴，然而冰水中只见一双小手晃了一下便没了踪影。

“救命啊！崔莹掉下去了！”孩子们大声地哭喊着。

事情发生得那样突然，不容多想，罗盛教抬腿便向出事的地方跑去。一路上，帽子、棉衣、棉裤、大头皮靴不停地被甩在身后的冰面上。由于来不及一个个地解扣，直拽得纽扣四处乱飞。只穿一身白色衬衣裤的罗盛教，边跑边指着岸边的电线杆子对紧跟身后的宋慧云说：“搬杆子过来！”随后便“扑通”一声跳进了冰水中。

岸边三个少年瞪着惊恐的眼睛，望着冰河中溅起的夹着冰碴儿的浪花，心都提到了嗓子眼上。不一会儿，听到一阵哗哗的水声，只见罗盛教猛地蹿出水面，他脸色苍白，大口地喘着气，片刻又钻入水下不见了。

时间一分一秒地过去了，刺骨的北风呼号着，拼命地晃荡着飘满浮冰的水面，大大小小冰块互相挤碰着，发出令人心碎的撞击声。罗盛教又一次钻出水面，孩子们望着他那惨白的脸和那抽搐、颤抖的身子，“吆包！吆包”（朝鲜语：喂！喂！）地喊叫着，让他快点儿爬上来。

罗盛教攀住冰沿，望着孩子们一张张满是泪痕的脸，听着那焦急的呼唤声，他仿佛看到了父母，他们大声地催促自己:“快去救孩子! ”他张着嘴想向小宋喊些什么，但已经喊不出声来。他急切地向小宋打了个手势，便毅然再次潜入河底。

河边的宋惠云简直手忙脚乱了，电线杆上架着通往师部的电话线，他死命地向下扯着拽着，甚至用牙咬着……

水面上一阵晃动，伸出了两只孩子的小手，接着又露出了崔莹的头，只见他在激流中不住地摇晃着身子，两手乱抓着，终于颤抖着爬上了冰面。周围的孩子们刚要伸手去拉他，突然“哗啦啦”一声响，随着冰面的塌落，崔莹又滑入水中。

冰窟窿更大了，罗盛教冲出水面，嘴里喷着水沫，脸色青紫，看得出他刚才把崔莹推上冰面是耗费了多大的体力。在这彻骨的冰水中游上钻下，几个来回已使他精疲力尽。他心中只有一个念头:只要我还有一口气，就一定要救出孩子!他紧咬着牙关，一甩头又沉入水中。

小宋气喘吁吁地抱着电线杆子跑了过来，水中浪花一涌，崔莹又露出了水面。孩子们不停地叫着:“崔莹!崔莹!”罗盛教在水下拼命一托，他大半截身子伏在了冰面上，已处于半昏迷状态了，一动不动地趴在那里。这时罗盛教出现在崔莹的身后，他知道如果两人趴在一起，冰层就有可能再次崩塌。

这时宋慧云把杆子迅速伸到罗盛教手边："抓住！快！快呀！"

在这时候，罗盛教只要伸手抓住它，就可以脱离险境。生与死只在这刹那之间，眼前的木杆就是一条生命线。

罗盛教吃力地睁开双眼，口中嗫嚅着，不知说了句什么，用最后的力气抬起一只狂抖的手，向崔莹摆了摆。宋惠云没有听清他说的什么，但从他那不容违拗的手势和眼神中已经感觉到他对自己的命令："快救崔莹！"

小宋慌忙把杆子伸到崔莹身边。终于，崔莹抓住了杆子被拖了上来。崔莹得救了！

当宋惠云把杆子再次伸向冰沿的时候，只见那阔大的冰窟窿像一个巨大狰狞的虎口，冰下激流汹涌，罗盛教已不见了踪影。

闻讯赶来的人们，纷纷拿着各种工具，向出事的地方跑着。崔大爷提着铡刀，炊事班长的围裙都没顾得解，抄了把菜刀也赶来了。人们又砸又砍，恨不得立刻钻进冰河里去把罗盛教找回来。

终于，人们在距冰窟窿数十米远的地方，捞起了罗盛教！他平静地躺在阿妈妮的怀抱里，任凭人们悲痛欲绝的哭喊声在空中回荡。他，没有回答，只有那失去了血色的苍白的脸和没有了体温的僵硬的身躯……但他的神态是那样的从容平静，那样的坦然安详。他仿佛才从前沿送粮归来，又好像刚刚为阿妈妮顶水之后的小憩。啊，也许他正在睡梦中依恋着故乡的山水、故乡的人。

远方默默地矗立着巍巍的群山，北风依然在怒吼着，掀起松涛阵阵，冰层下只听得激流轰然作响，在向敢于与之搏斗的勇士致敬："无畏的战士，你的生命融汇在这巍峨的佛体洞山，融汇在这滔滔的泥栎河。你的英魂将与山河共在，与日月同辉！"

房东崔大娘脚步沉沉，走进了罗盛教的住处，伸手摸摸背包，这是他天亮时才打好的，方方正正；回头看看墙上挂着的胡琴，那是他自己制作的，屋里似乎又响起悠扬的琴声；转身望望用弹药箱支起的桌子，似乎看到他正在俯身唰唰地写着什么，又好像听见他正坐在桌前，向自己诉说着。他远在祖国的妈妈，还在朝朝暮暮思念着他。崔大娘黯然神伤，泪水不停地流过那刻着道道皱纹的脸颊。

一位叫元善女的老大娘拄着拐杖慢慢地走了进来，这位老人已年近花甲，是敌人大屠杀时的幸存者，她那含泪的目光向屋里环视了一遍，轻声地对崔大娘说："他把心都掏给了我们，我要把我那块茔地给这位志愿军道木，那里风水好。这就算是我们对他的一点报答吧！这样我心里会好受一些。"

连队里，战友们沉浸在悲痛的气氛中，百把号人失去了往日的说笑声、喧闹声，人们都心情沉重，默默无语。

一排长呆呆地凝望着那一堆木制手榴弹，他仿佛又看到了罗盛教向敌群投出一颗颗手榴弹的身影；炊事班里无声无息，老班长坐在劈柴堆旁，手撑着两腮，低头沉思：这柴还是罗盛教头天从山上背下来的。这锅台上的铲子、案板上的菜刀，哪一样没有沾过罗盛教的手?！老班长不由得用手捂住了泪水模糊的眼睛。

连部班里传出了一片啜泣之声，同志们正在整理着烈士的遗物：有最近的日记，有他为连部班订的学习计划，还有一封没有写完的家信……忽听得通讯员“哇”的一声，伏在床上大哭起来，手上托着一件洗得干干净净的旧衬衣。望着打着补丁的衬衣，通讯员想起昨晚的情景：罗盛教一边叠着衣服，一边拿出一双新袜子递给通讯员，他说：“你跑路多，费袜子，这双袜子你穿吧。”

阵阵哭声不时地传入隔壁的房间，揪扯着连长、指导员的心。指导员红肿着眼睛，低垂着头，连长铁青着脸，喉咙像堵着什么东西。

村里支部书记代表乡亲们向侦察连要求，把罗盛教烈士的遗体交给他们，按照朝鲜最隆重的礼节来安葬。

阿妈妮用村民们跑了十多里路买来的白布赶制葬衣；崔莹一家流着泪为救命恩人准备着最好的祭品；小伙伴们挖来了高山积雪中的小松柏树；元善女老大娘在山坡上，仔仔细细地清扫墓地……

第二天，人们用白丝绸把烈士的遗体裹好，套上朝鲜服装，外面是一身志愿军的军装。一切准备停当以后，便抬着他向墓地走去。

在墓地，战士们整齐地肃立在一边，村里的男女老少几乎全都来到这里。人们围在烈士的身边，要最后再看亲人一眼。崔莹已泣不成声，他要与志愿军烈士做最后的诀别。只见他在墓前的石桌上放上一碗豆腐、一碗饭和一瓶酒，然后跪下来哽咽着说道："罗同志，我永远不会忘记你的救命之恩。我们世世代代都会怀念着你！我要参加人民军，继承你的遗志，和志愿军一块儿，打败万恶的美国侵略者！"

村里支部书记强忍着悲痛，大声地向人们说道："乡亲们，记住他吧，他埋葬在大地的胸膛上，也活在我们的心里！"

人们再也抑制不住感情的潮水，任凭它随着热泪奔涌而出。一瞬间，人群中响起了一片哀痛的哭声。罗盛教的战友们向烈士垂首默哀，他们为有这样英雄的战友而骄傲，他们觉得罗盛教仍在他们的行列中。

△ 被救的朝鲜少年崔莹，在石田里人民为罗盛教召开的追悼会上

浸满朝鲜人民深情的泥土，轻轻地覆盖了烈士的遗体。墓边摆满了花圈，孩子们将那幼嫩的小松柏，精心地栽种在烈士的墓前。支部书记遥望着冰封雪覆的泥栎河，激动地说："就在这条河里，志愿军为了救我们的孩子，献出了宝贵的生命！而美国强盗则杀死我们的亲人，让尸体染红了河水！谁是真诚的朋友，谁是罪恶的敌人，我们永世不忘！让我们世世代代记住罗盛教的英名吧！"

为表彰罗盛教的国际主义精神，中国人民志愿军政治部给他追记特等功，并授予"一级爱民模范"、"特等功臣"的光荣称号。中国新民主主义青年团中央委员会追认罗盛教烈士为"模范青年团员"，并授予奖状。

英雄战士罗盛教的名字在中朝人民和军队中传颂着，他成为中国人民志愿军伟大的国际主义精神的光辉旗帜，人们把他作为心中的榜样。在志愿军里，继罗盛教之后，不断涌现出罗盛教式的英雄战士，如王永维、张明禄等，他们舍身抢救朝鲜人民的生命财产，立下了不朽的功勋。

祖国人民在罗盛教伟大的国际主义精神激励下，努力生产，积极工作，全力支援抗美援朝的战争，直至取得最后的胜利。

传奇之罗盛教

☆☆☆☆☆

在20世纪50年代，有国际共产主义战士之称的罗盛教，曾经教育和激励了一代年轻人。但是许多人并不知道，在罗盛教成为家喻户晓的英雄典型的背后，还有一段鲜为人知的故事——一起“淹亡事故”。

1952年新年伊始，正值朝鲜半岛冰天雪地的时节，朝鲜战争也进入了十分艰苦的相持阶段。中国人民志愿军第四十七军第一四一师与兄弟部队经过英勇作战，

△ 罗盛教纪念馆

粉碎了以美国为首的“联合国军”的“秋季攻势”，奉命撤至成川郡及其附近地域进行休整。

时任一四一师师长（后来曾任广州军区副司令员）的叶建民，与师里其他领导分别下到各团，指导部队对前一阶段的作战进行总结。

作为一师之长，叶建民在团里“蹲点”期间，还要经常返回师机关处理一些急办的工作。这天，他乘坐吉普车刚从团里赶回位于平安南道成川郡石田里的师部驻地，透过车窗，他看到师部门口里三层外三层围了许多朝鲜老百姓，他们的面部表情既激动又悲痛。叶师长让参谋下车去了解情况，参谋回来报告说，师侦察连有个叫罗盛教的战士，为救一个名叫崔莹的朝鲜少年牺牲了。今天这些朝鲜老百姓自发地相约来到部队，是请求部队用朝鲜人民的风俗习惯安葬这位舍己救人的年轻战士的。

叶建民想起，几天前曾看到过师里印发的一份事故通报，里面提到了一位名叫罗盛教的战士发生淹亡事故的经过。但是从今天朝鲜百姓们自发前来师部请愿的情况来看，师长叶建民感到这可能并不是一起普通的淹亡事故，否则不会在朝鲜群众中引起这样强烈的反响，他立即嘱咐部下详细了解情况后向他报告。

不多时，了解情况的参谋人员回来向叶建民说，这些朝鲜老百姓一致要求为罗盛教请功。其中有一位 55 岁的名叫元善女的老大娘，主动献出了自己的墓地，老人说：“这块坟地原本是给我自己准备的，现在我要让给罗同志，罗同志与我的儿子没有什么区别……”还有一位胡须花白的朝鲜老大爷流着泪对部队的同志说：“罗同志是为救我们的孩子牺牲的，请志愿军把他的遗体交给我们，我们要按照朝鲜人民最隆重的葬礼安葬他！”

△ 罗盛教纪念馆内饰

听到这些情况，叶建民师长立即让人找来师宣传科长和直工科长进行询问，直工科长回答："知道这件事，他是掉进冰河里溺水而亡的。我们已经按照惯例把罗盛教作为非战斗减员上报军里了，并且按淹亡事故向各团做了通报，现在还没接到什么情况反映……"

按理说，师里从上向下的通报已经发出，如果再做什么改变，势必影响上级单位的形象。但叶建民感到作为师长，自己有责任和义务把这件事弄个水落石出。即使是弄错了，也要有勇气坚决纠正过来。

经过调查，师直工科和宣传科在处理罗盛教事件的时候，主要是依据下级的电话报告给事故定的性。对此，叶建民当然是不满意的。

第二天，叶建民专门带着两位科长冒着零下20多度的严寒，驱车来到罗盛教救人的现场——石田里泥栎河边进行实地察看。

被救的朝鲜男孩崔莹的母亲听说罗盛教的师长来了，连忙带着小崔莹赶到出事地点。一见面，母子俩就跪地向叶师长深深地施礼，而后又用朝鲜语夹杂着汉语，声泪俱下地讲述了罗盛教舍身救人的详细经过。

听完崔莹母亲的介绍，叶建民的心情十分激动。他缓步走到烈士献身的地方，俯下身来，看到小崔莹落水和被托出水面的那个冰窟还没有完全封冻，从冰窟边缘犬牙般的形状来看，小崔莹是在数次被托上冰面又数次落水的情况下，被救上来的。而在零下20多度的冰天雪地中，人在水中所能坚持的极限时间顶多只有三五分钟，超过这个时间，人的四肢将变得生硬僵直，从而丧失自救能力。如此来看，罗盛教完全是为了救人而光荣牺牲的，而并不是通报的“淹亡事故”。

现场的勘察和朝鲜群众的强烈要求，完全改变了叶建民对这一事件的看法，他为自己能有这样的好战士而感到骄傲和自豪，同时叶建民也意识到，自己有责任纠正这一事件的结论，以使更多的人了解英

雄，记住英雄，学习英雄。

回到师部，叶建民立即将调查了解到的情况告诉了时任师政委的彭清云同志，两个人经过商量，感到罗盛教是一个值得大力宣扬的正面典型，这对讴歌中朝两国牢不可破的友谊、激励广大官兵的士气是十分有益的。于是决定在重新向上级报告关于罗盛教这个正面典型的同时，在全师官兵中开展一次国际主义、共产主义教育，激发全体官兵高昂的士气和勇于为正义献身的精神。决定得到了其他几位师党委委员的一致赞同。

当天夜里，一份由师长叶建民、政委彭清云签名的有关罗盛教舍己救人的报告材料拟写完毕，与先前不同的是，“事故”通报变成了请功报告。

第二天，师党委召集了全师司、政、后机关各主管部门负责同志和各团营以上干部会议。会上，师长叶建民代表师党委宣布了关于在全师官兵中开展向罗盛教烈士学习的决定：

（一）罗盛教的牺牲，与战场上的英雄一样，是我志愿军抗美援朝、保家卫国、打击美帝国主义侵略、履行国际主义义务的壮举。他舍身救朝鲜少年，正是显示了我志愿军崇高的国际主义精神。

（二）崔莹全家和石田里村民用朝鲜人民隆重的葬礼安葬罗盛教的请求和元善女大娘捐墓地的行动，是朝鲜人民热爱志愿军，体现革命人道主义和国际主义精神的行动，我们要感谢和支持，并参加朝鲜人民为罗盛教烈士举行的葬礼。全师举行一次隆重的追悼大会，表彰罗盛教的英雄事迹，颂扬朝鲜人民对志愿军的拥护与爱戴。

第一四一师上报的关于罗盛教的事迹材料，引起了第十九兵团和志愿军总部首长的高度重视。1952 年 2 月，中国人民志愿军总部颁布命令，追记罗盛教烈士特等功，并授予他“一级爱民模范”光荣称号。共青团中央追认罗盛教烈士为“模范青年团员”。罗盛教这个名字，很快就在广大志愿军官兵中和祖国大地上传开了，国内各行各业也掀起了向英雄学

△ 罗盛教纪念馆内罗盛教的雕像

习的热潮。

朝鲜方面对罗盛教的事迹，也给予了极大的重视。金日成主席亲笔为罗盛教烈士纪念碑题词：“罗盛教烈士的国际主义精神与朝鲜人民永远共存。”1953 年 6 月，朝鲜民主主义人民共和国最高人民会议常任委员会追授罗盛教烈士“一级国旗勋章”和“一级战士荣誉勋章”，这是中国人民志愿军入朝参战后所获得的朝鲜方面授予的最高荣誉。

“没有叶建民，罗盛教就不会成为英雄。”罗盛教牺牲后，连队以“非战斗减员”安葬了罗盛教。但不想，安葬罗盛教的第二天，石田里的金大爷带着一群姑娘，对罗盛教进行了第二次安葬。而更让人惊奇的是，在对罗盛教第二次安葬之后，又对罗盛教进行了盛大的国葬仪式。

为什么要三次安葬罗盛教呢？

罗盛教将崔莹顶出了水面后，他已经没有一点力气了。最终罗盛教再也没有上来。

当纷纷赶来救援的人们砍开了冰层，捞起了罗盛教，他已经闭上了双眼，心脏停止了跳动。

军医摸了半天，打了一针，又摸了半天……只好难过地向期待的人群摇摇头。

崔大娘用自己采的土药和生姜熬成汤，端来往罗盛教嘴里灌。

……

当用尽了一切办法后，人们终于只好承认，罗盛教已经离开了战友和朝鲜人民，他为了祖国，为了朝鲜人民尽忠了。

罗盛教牺牲后，连长的脸阴沉着，没有说一句话。

按照规定，连队减员，当天要向上级填送报表。这是文书的工作。而文书罗盛教牺牲了，这项工作便由文化教员代填。在志愿军连队里有两种表格：一是“战斗减员登记表”，填写作战当中的伤亡、失踪者。牺牲者属于革命烈士，全家光荣，并享受烈属待遇。一是“非战斗减员登记表”，填写事故伤亡和病故者。一般说来，发生了非战斗减员，是连队的不幸，连队因此要丢掉先进连队，严重的，干部还要受处分。文化教员书生气很浓，他看了看表格上的文字说明后，严格地从字义出发，认定罗盛教的死是“非战斗减员”。于是他便在“非战斗减员表”上的“原因”栏内,写上了“为抢救朝鲜儿童,不慎失足落水淹死”。副连长看了看，没有说什么，便签了字，由通讯员送到团部。

天黑了下来，指导员没有吃饭，他正在写罗盛教淹死的详细经过，副连长也没有吃饭，他拿来七尺白布缝成的“烈士服”，流着眼泪把罗盛教包裹起来。全连的战士都没有吃饭，十几个战士打着手电筒在前，十几个战士抬着罗盛教的遗体在后，缓缓地向佛体洞山走去。十几个战士在佛体洞山下，用十字铁搞刨了一个墓穴，脱帽鞠躬，掩埋了罗盛教。

这是一葬罗盛教。

第二天，天刚亮，石田里的金大爷便带着一群姑娘把罗盛教的遗体刨了出来，抬到泥栎河边的小学校里。

志愿军战士不知这是怎么回事，便跑到学校。而此时的场景把志愿军战士们全惊呆了：

他们将罗盛教的七尺白布缝制的“烈士服”脱下来，一位阿妈妮用温水给罗盛教洗脸，随后，阿妈妮又用自己结婚时珍藏起来的纪念品——胭脂和唇膏，给罗盛教化妆，一群朝鲜姑娘则争着给罗盛教描眉。小学生们从佛体洞山上采来青青的松枝叶，铺在拼起的课桌上给罗盛教作灵床。

石田里的金大爷、崔大爷、李大爷、

△ 崔莹的父亲，在为前来瞻仰罗盛教烈士墓的中朝战士们讲解烈士抢救崔莹时的情形

朴大爷等全村的长者，把他们藏在地窖里的各种珍品全都献了出来，摆在罗盛教遗体的四周，金大爷捐出了自己的寿材——白松木棺，并亲手装殓了这个刚满20岁的罗盛教道木。

朝鲜族是个能歌善舞的民族，又是个极重感情的民族。他们喜也舞，悲也舞，生也歌,死也歌。此时,泥栎河畔,小学校前,便出现了以歌代哭、翩翩起舞的感人场面。

随着歌曲，众声附和，裙袖飘起，声泪俱下。随之送葬队伍缓缓地向佛体洞山走去。劳动党村支部书记崔大爷，率领着八位姑娘，亲手将罗盛教的灵柩安葬在佛体洞山南麓向阳的墓穴里，一个 14 岁的孩童双膝跪地，以头触地，用汉语哭喊了三声“罗盛教同志!”他就是罗盛教用生命救活了的朝鲜少年崔莹。

坟冢垒起有一人多高，战士们也争着为它培土。金大爷、崔大爷亲手竖起一块红松木板制作的墓碑，上面墨写的汉字是:

罗盛教烈士之墓

石田里村民敬立

一九五二年元月

这是罗盛教的第二次安葬。

然而，让人更加惊奇的是，1 月 5 日清晨，军、师首长来到了石田里这个小山村，他们从美式吉普车上下来，询问的第一句便是:“英雄罗盛教的坟在哪里?”

志愿军司令部、政治部的首长来了!他们乘坐的是苏式吉普车，还有一个警卫排。

成川郡的领导来了！平安道的领导来了！朝鲜劳动党的中央委员也来了！他们带来一个用鲜花编织的大花圈。缎带上写着“献给国际主义战士罗盛教同志！朝鲜劳动党中央委员会敬礼”的字样。

来得更多的是方圆百里的朝鲜人民，他们全都穿着节日盛装，顶着酒坛、打糕、

△ 罗盛教纪念馆

苹果、板栗，牵着牛、羊，抬着肥猪和鲜鱼。

当军、师首长在团领导的带领下来到罗盛教的墓地时，装殓罗盛教的那口白松木棺材已被朝鲜百姓刨了出来！石田里的姑娘正在用白雪擦洗着棺木。

原来是一千多位朝鲜群众，要求为英雄罗盛教道木举行国葬！

国葬开始了。军号齐鸣，排子枪打得震天响！志司、志政的首长和代表，军、师、团的首长和代表，朝鲜人民军的首长和代表，成川郡、平安南道的领导和群众代表，在朝鲜劳动党中央委员会代表的主持下，脱掉了军帽和礼帽，向罗盛教致敬、默哀。

上百名朝鲜儿童，少男少女，白衣白裙，跑向早已铸成的墓地。这个墓地是石田里的老大娘元善女的，战前元善女就为自己预备好了这块坟茔。背靠四季常青的佛体洞山，面临泥栎河的长流水，是一块风水极佳的宝地。元善女把它献给了罗盛教道木。老人家昨天挖了两株马尾松树苗，用它做笤帚，将水泥铸成的墓穴打扫得干干净净。此时的墓穴只留下了阿妈妮元善女的泪珠和一片爱心。

英雄与深明大义的父亲

罗盛教从参军到入朝参加抗美援朝战争前给家里写了三封信，就在牺牲前一天晚上，他又给父母写了一封信。这封信中写道：“青春是美丽的，但一个人的青春可以平庸无奇，也可以放射出英雄的火光。我必须把我放在炉火里，看看我是不是块钢铁。”这句话像金子一样，在岁月的尘埃中熠熠生辉。

从罗盛教与家人往来的这几封信的内容中，我们不难看出：罗盛教是一个思想觉悟和道德情操非常高尚的人，他英雄的壮举绝不是一时的感情冲动，而是英雄思想火花的结晶。

△ 罗盛教雕像

罗盛教之所以有如此伟大的情怀，除了党和部队的培养，更与父母对他的教育和影响分不开。就在 1953 年 7 月，《朝鲜停战协定》签字后第二天，罗盛教的父亲罗迭开写了一封信给朝鲜人民军的家属，对朝鲜人民表示热烈的祝贺和慰问。原信如下：

朝鲜人民军的家属们：

我听到《朝鲜停战协定》签订的消息后，感到非常高兴。这是朝中人民反对侵略、保卫和平斗争的伟大胜利。在这场坚持了三年多的反对美帝国主义侵略的战争里，你们跟我一样，献出了自己心爱的儿女，他们在反对侵略、保卫和平的最前线，表现出了最坚决最勇敢的精神。正因为他们的英勇斗争，才制止了侵略的凶焰，取得了签订《朝鲜停战协定》的胜利。他们没有辜负我们的期望，我们也因为抚育了这样的儿女而获得光荣和尊敬。自从我的儿子罗盛教牺牲后，我接到了朝鲜人民和我国人民的数千封来信，这些来信都向我表示尊敬和慰问。我国许多青年男女的来信中，都称我作“亲爱的爸爸”，有一封来信中写道：“您老人家失掉了一个亲生的儿子，但是所有的为保卫祖国、保卫和平而斗争的青年，都是您的儿女，他们会像爱护自己的父亲一样来爱护您。”这些来信使我非常感动，使我深深地感到千千万万的人都在支持我们，支持我们为和平事业而斗争。

我是一个普通的农民，我爱我的儿子，也爱我的国家和土地。解放以后，我和其他的农民一样，在中国共产党和中国人民伟大的领袖毛主席领导下，过着幸福丰裕的生活。但是，美帝国主义不让我们过这样的好生活，他们妄图吞并整个朝鲜，进一步侵犯中国。当1950年10月，美国侵略军队逼近我国国境鸭绿江边时，我的儿子盛教响应抗美援朝、保家卫国的号召，参加了中国人民志愿军赴朝作战。盛教到了朝鲜后，曾几次写信告诉我说："不赶走美国侵略者，不使朝鲜获得自由和平誓不回家！”现在《朝鲜停战协定》已经签字，盛教生前的愿望已经初步达到，这是可以告慰于他的。

△ 罗盛教父亲向罗盛教烈士墓献花

我的儿子盛教牺牲后，朝鲜人民把他当作亲生儿子一样安葬在你们英雄国家的土地里。我深深地感激你们，我和你们血肉相连的友谊是牢不可破的。我天天关心着你们的战斗和生活，关心着中国人民志愿军和朝鲜人民军的胜利消息。《朝鲜停战协定》签订以后，我又关心你们医治战争的创伤和重建家园的努力。我可以向你们保证：三年多来与你们并肩一起打击美国侵略者的中国人民，一定会像过去一样继续支援你们的斗争。你们的胜利也就是我们的胜利。我相信：在你们伟大的领袖金日成元帅的领导下，在你们和全朝鲜人民的努力下，一定会把你们的祖国所遭受的战争创伤完全医治好的。

《朝鲜停战协定》的签订也就是美帝国主义及其走狗李承晚的惨重失败。但是，美国的好战分子和李承晚集团还不甘心，他们还在阴谋破坏朝鲜停战。因此，我们必须百倍地提高警惕，准备以双倍的力量来回击他们的一切阴谋诡计。曾用自己儿女的血肉换来和平的人，是懂得和平是怎样可贵的，是懂得怎样保卫和平的。

从这封情真意切的信中，我们可以看出英雄父亲的善良和大义。正是这种善良和大义，从小培养和造就了罗盛教，使他树立了正确的人生观和伟大的理想，并在人生道路的关键时刻，以实际行动使自己的人生得到升华。

罗盛教牺牲后，罗父化悲痛为力量，用实际行动支援抗美援朝，又把罗盛教的弟弟罗盛民送到了部队。

罗迭开老人始终是受人尊敬的，党和人民也给了他很高的荣誉。1959年10月1日，他光荣加入中国共产党，先后任新化县人民委员会委员、县革委会副主任、县人大常委委员、中共新化县第三次党代会代表；湖南省第一、二、三、五届人民代表大会代表、中共湖南省第三次党代会代表，并当选为省委委员；全国第三、四、五届人民代表大会代表。

成千上万敬仰英雄的人们，专程到新化看望罗迭开夫妇，为老人们送去关怀和温暖。仅1970年至1979年十年间，就有25个省市5万人（次）看望过罗迭开和他的家人们。

罗老先生八次上北京参加全国烈士军属代表大会和全国人民代表大会，两次上天安门城楼参加国庆观礼。在他八次赴京中，有七次受到毛泽东的接见，其中两次和毛泽东在怀仁堂合影留念，还受到了周恩来、刘少奇、董必武、叶剑英、林伯渠、贺龙等老一辈革命家的接见，并和他们同桌就餐。

1954年春，罗盛教烈士的父亲、特等烈属模范罗迭开老先生应邀访问了朝鲜，受到了朝鲜劳动党和人民隆重、热烈的欢迎。朝鲜人民的伟大领袖金日成主席亲切接见了他。金将军对他说："谢谢你，谢谢你生了这样的好儿子，为朝鲜人民牺牲了。

△ 罗盛教父亲罗迭开访问朝鲜时受到已是朝鲜人民军军官的崔莹的热情迎接

谢谢你这样的好爸爸。”

英雄的父亲在访问朝鲜的日子里，崔莹一家及村里的乡亲们给老人家以盛情的款待，并以各种方式表达了朝鲜人民对英雄的崇敬和怀念之情。人们感谢他养育了这样的好儿子。

老人为朝鲜人民的情谊深深地感动着，他觉得孩子是好样的。他勇于为保卫朝鲜人民而献出自己的生命，值得！盛教没有辜负家乡父老的期望。罗迭开教育培养了罗盛教，使之成长为一名伟大的国际主义战士，为社会主义祖国争了光，为发展中朝两国人民用鲜血凝成的战斗友谊谱写了新的篇章。

朝鲜人民为了纪念罗盛教烈士，将石田里改为罗盛教村，将泥栎河更名为罗盛教河。河边的木牌上写道："生长在朝鲜三千里土地上的人民，都应该牢记我们伟大的友人罗盛教同志，学习他的伟大的国际主义精神。"在河对面安葬他的佛体洞山上，树起了"罗盛教亭"和"罗盛教纪念碑"，以表达人民对英雄的永久怀念。

罗盛教烈士的陵园里，鲜花不断，人群不绝。崔莹的身影更是年年出现在烈士墓前。

啊，你听到罗盛教河畔那动人的歌声了吗？它是人民对英雄的无限敬仰和怀念——

罗盛教山上的花常开不谢，

罗盛教河里的水永流不断，

罗盛教村中的人夜夜梦念，
罗盛教这个名字哟，
会千秋万代地传遍！
……
青青河，高高山，
中国英雄万万年。
我们心爱罗盛教，
赞美的歌唱不完！

为了纪念在这场战争中中国人民和中国人民志愿军的无私援助，朝鲜政府于1959年10月25日志愿军赴朝参战9周年纪念日建成了友谊塔。该塔坐落在平壤市区牡丹峰西北侧的山岗上。扩建后的塔高30米，占地面积12万平方米。塔身由1025块花岗岩和大理石砌成，象征着10月25日中国人民志愿军入朝参战纪念日。塔身正面嵌有“友谊塔”三个朝文镏金大字，塔顶有一铜坯镀金五角星。塔正面镌刻着纪念碑文，两侧绘有中朝两国军民并肩战斗的石雕。

罗盛教，以及成千上万在抗美援朝战争中贡献出宝贵生命的中国人民志愿军战士的名字，永远地铭刻在中朝两国人民的心中！

罗盛教是我们这个时代最可爱的人！

后 记

后罗盛教时代

2012年是罗盛教牺牲六十周年纪念年，宣传他20年短暂一生的光辉轨迹，对促进我国青少年树立正确人生理念和价值观将有重大意义。

罗盛教是一个具有伟大情怀的高尚的人，他的英雄事迹，激励着一代又一代的年轻人。许多人是在课本上与他相识的，许多人是在观看演出时了解他的，许多人是以他的言行为榜样的。

罗盛教离开我们这六十年来，人们对英雄的敬仰之情与日俱增，先后举行了各种形式的纪念活动，以缅怀先烈，继承遗志。

一、舞剧《罗盛教》的诞生

罗盛教牺牲后，中国人民解放军总政治部文工团歌舞团，怀着对烈士无限敬仰之情，根据中国人民志愿军“国际主义战士”罗盛教的真实事迹，创作了舞剧《罗盛教》。

《罗盛教》是建国后最先创作的舞剧之一，1952年参加全军第一届文艺汇演。此后,在全国演出近二百场,得到各方面好评。1952年、1953年两度随赴朝慰问团到朝鲜演出。在平壤，金日成首相观看本剧后给予很高的评价。后由八一电影制片厂拍摄成电影，在全军广泛放映。以艺术的形式颂扬英雄事迹，舞剧成为新中国较早出现的表现形式之一。

二、和烈士的父母在一起

新中国成立后的年轻人，朝气蓬勃，斗志昂扬。开篇的那张照片拍摄于1957年,是以罗盛教的父母罗迭开老夫妇的住所为背景的合照。照片里的那些大姑娘小伙子们，拜见英雄的父母，汲取革命的养分。你看他们浑身散发着青春的活力，脸上荡漾着甜美的笑容，那真是一个美好的纯真的年代。

三、罗盛教纪念馆

骊山脚下，资水河畔，英雄的故事到处传扬。罗盛教牺牲后，为了缅怀革命烈士，教育人民群众，在他的家乡湖南省新化县和罗盛教所在连队、陕西省临潼县分别建立了罗盛教纪念馆。

湖南省新化县的罗盛教纪念馆，位于上梅镇资江大桥西端。1984 年 1 月筹建，1985 年 4 月 22 日开馆。馆内共有展厅 3 间，面积 370 平方米。该馆陈列分“童年和少年时代”、“从普通士兵到国际主义战士”、“烈士精神代代相传” 三大部分。展品有：烈士的遗像、遗诗、遗物（复制品），毛泽东、周恩来、叶剑英和金日成接见烈士父亲罗迭开的照片 78 幅，被罗盛教援救的朝鲜儿童崔莹专程探望中国双亲、朝鲜特使造访烈士故乡以及罗迭开两次访问朝鲜的图片等 51 幅，朝鲜政府授予罗盛教的一级国旗勋章，朝鲜最高人民会议常务委员会授予罗迭开的二级国旗勋章，及罗迭开出席全国各种会议的证件和获得的勋章等实物。

一张张照片，一件件实物，展现了罗盛教烈士在党的培养抚育下，从一个普普通通的士兵，成长为伟大的国际主义战士的光辉历程，记录了中朝人民用鲜血凝成的战斗友谊。

1985 年 4 月 22 日，罗盛教诞辰 54 周年纪念日，新化县党政军民数百人聚集在罗盛教纪念馆前的草坪上，隆重举行了开馆典礼。朝鲜驻华大使申仁夏敬献了花篮，还和罗盛教生前部队的首长一起执锹铲土，栽培了两株象征中朝人民友谊万古长青的雪松。并在罗盛教父母罗迭开、肖桃英陪同下，参观了陈列展览。

自开馆以来，已接待来自国内外观众达 600 多万人次，并先后接待了朝鲜驻华大使申仁夏、公使衔号赞金昌奎、朝鲜《劳动报》记者金珍善等朝鲜贵宾。近几年，纪念馆被评为娄底市文明建设先进单位、湖南省对外参观旅游点先进单位和湖南省爱国主义教育基地。

英雄所在连队的名垂青史的国际主义战士罗盛教纪念馆位于陕西临潼县，这座纪念馆于 2000 年 1 月开馆，2005 年 1 月被共青团临潼区委定为青少年爱国主义教育基地；同年 12 月被西安市临潼区政府列为临潼区中小学德育基地。该馆总面积有 150 多平方米，内设 5 个展厅，15 张展桌，共展出 160 余张照片和 100 余件实物，分阶段展示了罗盛教的生平和他生前所在连的有关情况，图文并茂，生动展现了罗盛教烈士的英勇事迹和光辉形象。

四、罗盛教的精神代代相传

在英雄所在连，每年新兵入伍老兵复员时，连队都会在罗盛教的塑像前组织活动。罗盛教的一段日记——“当我被侵略者的子弹打中以后，希望你不要在我的尸体前停留，应该继续前进，为千万朝鲜人民和牺牲的同志报仇”早已被谱成连歌代代传唱。

虽然罗盛教已经牺牲整整 60 年了，但半个多世纪以来，他生前所在连队依然保留了这个传统：每天 21 时晚点名第一个叫到的都是“伟大的国际主义战士罗盛教”，然后全连官兵集体答“到”。罗盛教始终与他深爱的部队在一起。这样做的目的，是让官兵们时刻记着自己是罗盛教生前所在连的一员，不断以罗盛教的精神来激励自己奋进。

罗盛教牺牲后被评为“一级爱民模范”，作为他生前所在连队，拥政爱民是这个连队的光荣传统和特色。每逢节假日，连队都派人到二十几个共建单位或服务点开展活动，连队官兵有的还被学校聘为校外辅导员。1994 年由于和蒲城县杨虎将军创办的东槐院小学共建成绩突出，被国家民政部和解放军总政治部表彰为“拥政爱民先进单位。”

连队的所有官兵都以实际行动诠释着他们的先驱者，使罗盛教的精神得以代代相传。

五、罗盛教被评为“100 位新中国成立以来感动中国人物”

2009 年 9 月 10 日，在中央宣传部、中央组织部、中央统战部、中央文献研究室、中央党史研究室、民政部、人力资源社会保障部、全国总工会、共青团中央、全国妇联、解放军总政治部等 11 个部门联合组织的“100 位为新中国成立作出突出贡献的英雄模范人物和100 位新中国成立以来感动中国人物”评选活动中，罗盛教被评选为“100 位新中国成立以来感动中国人物”，并且将代代相传，继续感动着中国大地上千千万万的人们。

六、罗盛教中学的命名

抗美援朝战争结束后，1961 年 7 月 11 日周恩来与金日成分别代表本国政府，在北京签订了《中朝友好合作互助条约》，全称为《中华人民共和国和朝鲜民主主义人民共和国友好合作互助条约》。

为纪念《中朝友好合作互助条约》签订 50 周年，朝鲜政府决定将罗盛教烈士牺牲地平安南道成川郡的朔川中学命名为罗盛教中学。2011 年 7 月 25 日，朝鲜平安南道成川郡朔川中学举行“罗盛教中学”命名仪式。罗盛教中学校长崔桂顺与一名教师共同将一块写有“罗盛教中学”大字的鲜红匾额挂到主校舍的大门上。

“罗盛教中学”的命名不仅体现了朝方对罗盛教烈士的深切缅怀之情，更表达了朝鲜党、政府和人民对中国党、政府和人民的友好情谊，同时也证明了半个多世纪以来中朝友谊的不断发展。

六十年过去了，罗盛教舍身营救朝鲜少年生命的事迹，永远散发着人性的光芒，永远值得人们追忆和怀念。

/ 100 位

新中国成立以来感动中国人物 /

丁晓兵 马万水 马永顺 马恒昌 马海德 中国女排五连冠群体

孔祥瑞 孔繁森 文花枝 方永刚 方红霄 毛岸英

王　杰 王　选 王　瑛 王乐义 王有德 王启民

王进喜 王顺友 邓平寿 邓建军 邓稼先 丛　飞

包起帆 史光柱 史来贺 叶　欣 甘远志 申纪兰

白芳礼 任长霞 刘文学 刘英俊 华罗庚 向秀丽

廷·巴特尔 许振超 达吾提·阿西木 邢燕子 吴大观

吴仁宝 吴天祥 吴金印 吴登云 宋鱼水 张　华

张云泉 张秉贵 张海迪 时传祥 李四光 李春燕

李桂林和陆建芬夫妇 李素芝 李梦桃 李登海 杨利伟

杨怀远 杨根思 苏　宁 谷文昌 邰丽华 邱少云

邱光华 邱娥国 陈景润 麦贤得 孟　泰 孟二冬

林　浩 林巧稚 林秀贞 欧阳海 罗映珍 罗健夫

罗盛教 草原英雄小姐妹 赵梦桃 钟南山 唐山十三农民

容国团 徐　虎 秦文贵 袁隆平 钱学森 常香玉

黄继光 彭加木 焦裕禄 蒋筑英 谢延信 韩素云

窦铁成 赖　宁 雷　锋 谭　彦 谭千秋 谭竹青

樊锦诗

图书在版编目（CIP）数据

罗盛教 / 左润华著. -- 长春 : 吉林文史出版社,
2012.11（2024.5重印）
（100位新中国成立以来感动中国人物）
ISBN 978-7-5472-1312-4

Ⅰ. ①罗… Ⅱ. ①左… Ⅲ. ①罗盛教（1931～1952）
－生平事迹－青年读物②罗盛教（1931～1952）－生平事
迹－少年读物 Ⅳ. ①K825.2-49

中国版本图书馆CIP数据核字(2012)第277335号

罗盛教

LUOSHENGJIAO

著/ 左润华
选题策划/ 王尔立　责任编辑/ 王尔立 李洁华 任玉茗
装帧设计/韩璘
出版发行/ 吉林文史出版社
地址/ 长春市福祉大路5788号　邮编/ 130118
电话/ 0431-81629363　传真/ 0431-86037589
印刷/ 天津海德伟业印务有限公司
版次/ 2012年12月第1版 2024年5月第5次印刷
开本/ 640mm×920mm　1/16
印张/ 9　字数/ 100千
书号/ ISBN 978-7-5472-1312-4
定价/ 29.80元